Reversal Life
Changing Life
Five Keys

逆転人生

人生を変える5つの鍵

逆転人生

人生を変える5つの鍵

はじめに

人生のドン底に落ちた者こそ成功する

本書を手に取っていただきまして、ありがとうございます。もし、あなたが人生に希望を見出したいと心から思っておられるなら、本書はピッタリな一冊になるはずです。

世界は新型コロナウイルスというパンデミックで混乱に陥っています。勤めていた会社が倒産したり、クビになったり、ボーナスがカットされたり、給料が大幅に下がったり、転職先が見つからなかったりと今まで味わったことのないドン底を経験されている方が増えていると思います。そして、今はまだドン底に落ちていなくても、「将来に希望なんか持てない」と迫り来る真っ黒な暗い未来に不安を感じている人もいるかもしれません。

ただこれまでの歴史を振り返っても、確実にいえることは、世界のお金持ちが増えるタイミングはいつも「世の中が混乱しているとき」なのです。実際にフォーブスが2021年に発表している「世界長者番付」では、保有資産が10億ドル以上超えるビリオネアの数が2755人と過去最多を更新しています。

つまり、混乱期こそ失望するのではなく、前向きに希望を見出すことで人生のドン底から成功を掴む大きなチャンスになるのです。だからこそ、今あなたが未来に希望を持てないとしても諦めないでください。自分を信じて突き進めば、必ず明るい道は開けます。

とはいえ、実際にどのようにしてドン底から這い上がって、成功や明るい未来を掴むのかが分からないと思います。

だから、本書では最悪な人生を逆転させてきた5名の起業家を選抜し、どんな人生のドン底を味わい、どのような考え方や方法で乗り越えてきたのかなどを執筆いただいています。つまり、一冊の本で5通りの人生を逆転させる方法や考え方が手に入る書籍です。

ただ、絶対にしてほしくないことがあります。それは、「この人たちだからできたんでしょ」と斜めに見ながら読むことです。この読み方をしてしまうと、本書から何も得ることはできず、お金と時間を浪費してしまうだけです。

サクセスストーリーとして読むのではなくて、読む視点を高め、あなたの立場に置き換えながら読み進めることで、あなたの人生を変える鍵が手に入るはずです。

そして、読み終えた後は、小さなことでもいいので、何かアクションを起こしてください。著者に感想などをDMしてみることでも構いません。そういう小さな一歩を踏み出すだけでも人生は少しずつ変わっていきます。

本書の読み進め方は最初から順番に読み進めていく必要はありません。目次を見て気になる著者から読み進めていただければと思います。また、それぞれの著者の人間性が伝わりやすいように、文章の書き方、口調、表現の仕方、構成もあえてあまり編集せずに残しています。そのあたりも楽しみながら読み進めていただければと思います。

Rashisa（ラシサ）出版編集部

逆転人生 file. 1

株式会社クリサポ 代表取締役

荒西 將志

走りきれ

Profile：

1976 年生まれ。高校卒業後、中国へ留学し上海の復旦大学に入学。中国で生き抜くためにDJ やイベント企画などを行い、ビジネスの土台作りをする。大学卒業後は日本に帰国し、一般企業に勤めるも、30 歳で独立起業。現在は民泊専門のお掃除代行サービスや障がい者福祉サービス事業を手掛けながら、中国の深圳にもオフィスを構え、対中国の越境ＥＣ事業、中国国内でのマーケティング、ライブコマース販売など多岐に渡り事業展開している。

逆転人生 file. 2

株式会社ユアストーリー 代表取締役

國友 英治

突然2500万円の借金を背負った、お人好し男の逆転人生

Profile：

1975年生まれ。千葉県八千代市出身。リハビリは脳神経外科・整形外科・神経内科・内科・循環器科・小児科など痛みの改善に特化した、はり・きゅうの治療が好評。臨床のほかに10年以上前からコーチングやモデリングについて独学で勉強し、現在は医師の杉浦元重氏を師事し、心理学や脳科学に裏付けられたコーチングやモデリングを用い、多数の組織開発や人材育成、会社経営などのサポートにも取り組んでいる。

逆転人生 file. 3

株式会社四谷進学会 代表取締役

田中 淳吾

9年間閉じ込められた精神的牢獄から脱出し たった4年で億超え企業まで成長させた逆転劇

Profile：
千葉県君津市出身。元々明るくひょうきんな性格で、小学生の卒業文集では、吉本に入りそうな人物 NO.1 に選ばれる。23 歳にしてブラック企業の取締役となり、1 日 15 時間労働で休日は月 2 回の中、毎日罵倒される日々を味わう。33 歳で起業し、「四谷進学会」という少数精鋭のプロ家庭教師紹介サービスや、「中学受験マッチング」という学校ポータルサイトの運営を手掛けている。

逆転人生 file. 4

学習塾 omiiko 代表

起業家研究所 omiiko 代表

松井 勇人

悪魔のような現実を夢の世界に書き換える

Profile：

3 年浪人し大学へ。大学院中退後、39 歳で再度入学し無事修了。転職 11 社うち解雇 5 回。重度鬱と不眠により 6 年間ひきこもり 2000 年 3 月立命館大学政策科学部卒業。2017 年 9 月静岡県立大学大学院経営情報イノベーション研究科修了 / 学術修士。学習塾 omiiko、起業家研究所 omiiko 創業。著書「14 歳のキミに贈る 起業家という激烈バカの生き方」

逆転人生 file. 5

株式会社ゼロワン出版 編集長

エッセイスト・インスタグラマー

みかみん

人は変われる。ネガティブで残念人間だった私が、副業から複業で会社員のお給料の10倍を稼げるようになった話

Profile：
現役インスタグラマーとして300件以上のライフスタイル案件を投稿し、あらゆる業界でSNSを指導。元プロダンサーで世界選手権出場経験あり。「言葉や書物を通して、みんなを幸せにする！」をモットーに電子書籍の可能性を伝えている。また会社員向け副業コンサルタントとしても活動中。自己流スローライフ推奨委員会を立ち上げ、現代日本での新しい働き方を提案している。

STORY

走りきれ

荒西將志

Prologue

誰にも負けないもの

そのとき僕はちょうど30歳。

何も知らない若造の僕は、大手企業を退職しました。

小さいときから「社長になる」のが夢やったんです。その先のことなんか考えてなかった。とにかく「僕は社長になる」その一心でがむしゃらに10代・20代を駆け抜けました。社長になれば大丈夫やって僕は信じて、独立したんです。


でも、全然大丈夫じゃなかったんですよね。

ここまで来るのに本当にいろいろありました。ジェットコースターみたいでした。独立当初から中国に関わって約15年。僕は今、中国関連の事業をメインに手がけています。中国の深圳にもオフィスがあって、今はコロナでなかなか行き来はできないけど、中国の勢いは本当にすごいんですよ。コロナ禍でもどんどん伸びている。

その勢いを毎日ひしひしと感じています。今は対中国の越境ＥＣ事業とか中国国内でのマーケティングとか。ほかにもライブコマース販売などいろいろやっています。やっぱり縁あって、きっとこれからもずっと中国と関わっていくんだろうなって思うんです。

僕は「経営学」みたいな大層なことはわかりません。多分この本の中で１番傷だらけの経営者かもしれません。

でも一つだけ、これだけは誰にも負けないっていうのがあるんです。

それは、「全力で自分の内面と向き合って本質というものを考え抜いてきた」ということ。これだけは、本当に誰よりもやってきたという自負があります。「僕の体験や気づきが、もし誰かの背中を押せるなら。」そう思ってこの本を出そうと思ったので、あなたのきっかけになれたら嬉しいです。

第1章

中国で身につけた「なんでもやったらいいやん」思考

12歳から始まった「社長」への道

僕はごく普通の家庭に生まれたんです。少しだけ違っていたのは、親父が電気関係で起業した1代目。その頃日本の景気が良かったのもあって、小学校6年生くらいまでは、どちらかというと裕福な暮らしをしていました。

小6の時にバブルが弾けて親父の会社は倒産。家も差し押さえられ、一家で長屋へ引っ越したところから、ほんまに絵に描いたみたいな「スーパー貧乏生活」がはじまったんです。電話回線もなくて、夕食はパンの耳。絵に描いたような貧乏でしょ?友達に「うそやろ?」って聞かれましたけど・・・僕のほうが嘘って思いたかったです。

ある日、友達が遊びに来ることになったんです。でも恥ずかしいから家の周りをぐるぐる。

そのうち友達は察したんでしょうね。「金持ちやから友達になったんちゃうで！」と言ったんです。

その時僕は、ずっと張りつめてた糸がプツンって切れて、公園で号泣しました。そこで、「いつか社長になる」って自分に誓ったんです。

それが僕の「社長になる」という夢の始まり。

やっぱり、このとき僕を泣かせた友達は、その先もずっと特別で。それからも僕の人生に欠くことのできない存在になりました。流行りの学園ドラマを観ると「教師」という職業に憧れることもあったけど、「いや、ちゃうやろ？お前は社長になるんやろ」って自分に言い聞かせてやめさせるほど、その夢は強いものでした。僕はそれほど「社長という夢」に固執してたんです。

今の原体験を作り上げた中国留学

僕は中国の大学に留学していたんです。その留学が今の原体験を作り上げました。

母親の「大学には行かせたい。行ったほうがいい。」っていう気持ちはわかってたし、なにより僕自身が、「まだ働きたくない！」って思ってました。

でも、大学に行くにはお金が必要。「自分で稼いでいかなあかん。」それだけはわかっていたんです。だから、夜間を考えました。そんな時に見つけたのが、中国の大学。当時は自分でバイトして稼いだお金でいけるくらいの金額だったんです。

そう、中国留学を決めた一番の理由はお金。でも、中国の空港に降り立った時最初に思ったのは「やってもーた。」です。

それまで日本の当たり前しか知らなかったわけだから、当然衝撃が大きかったんです。

当時の上海は社会主義の影響が強く、人民服を着た人たちもまだいたんですよね。匂いも強く、本当に嫌だった。中国語も話せない僕は最初は語学学校の寮生活からスタートでした。でも何もかもが嫌で、中国に来たくせに中国人が大っ嫌いになっていきました。

ある夜、壁に貼ってあった中国の地図を何気なく見て、その大きさに驚いたんです。こんなに広く陸続きで全部繋がっていれば、どこまででもいけるって。そのまま僕は立ち上がり、黙々と歩き始めました。なんでかわからへんけど、僕を突き動かした何かがあったんです。

そしてだんだん夜が明けてきて、あたりも明るくなってきて、お粥とか朝食の屋台が出始めて。だんだん疲れてきた時に、今まで眠っていた町が動き出す瞬間をこの目で見て、この広大な大地で生きている人々の生命力を肌で感じたんです。

いままで頑なに染まらないように突っ張ってたなにかが取れたんでしょうね。水と油が混ざった瞬間とでもいうんかな。いろいろ吹っ切れて「ここでやっていく」っていう覚悟ができました。もしこの時吹っ切れてなかったら、僕も他の日本人と同じように、途中でフェードアウトして日本に戻っていたんかもしれません。

でもなんで当時そんなにも嫌やったかわかりますか？日本の当たり前が当たり前じゃないこと。「何もなかった」んです。本当に何もなかった。だから、吹っ切ったんです。

「ないんやったら、自分でなんとかすればいい」って。それから、僕はなんでも作っていきました。どん兵衛ってありますよね？カップ麺の。

あれを日本からケースで送ってもらって、駐在の人に1000円で売りましたし、大人のおもちゃも売っていました。売れるものはなんでも仕入れて売りました。

当時上海では一番お金を稼げるのがDJやったんで、ターンテーブルを日本から持って行って、外国人が集まるアンダーグラウンドで日本人DJとして活動したりもしていました。

そうやって、お金も、遊び場も、「中国最初の日本の成人式」すらもなんでも作っていったんです。今でも続いている、在中日本人向けの成人式は、僕が発起人なんです。ないものをなんでも自分で作り出した。ないからこそ全部自分で作るっていう0→1を作り出す一番最初の土台を作ったのがこの留学時代。

これが、「なんでもやったらいいやん」「切り開いたらいいやん」っていう、今の僕の原体験になってるんです。

情熱が冷めた瞬間にスパッとやめる

ＤＪなんかもやってたので、学校にはほとんど行っていない状態やったんですけど、そろそろ就職せなあかんなって状況になったんです。その頃僕は、「このまま上海に住むんや」と思ってました。ところが友達が企業フォーラムに日本企業もたくさん来ると誘ってきたのがきっかけで、僕も行くことになったんです。

僕は意味も分からず、とりあえず行くことにしたんで、みんながスーツ姿の中、僕一人Ｔシャツ・Ｇパン、アフロ姿で参加。説明会のブースでみんなが熱心に説明を聞いている中、僕は採用担当者を睨みつけていました。

そのフォーラムで、のちに勤めることになる「お値段以上」で有名な会社のＡさん（現社長）と出会いました。最終面接は当時の社長と一対一での面接。その面接では、いつかここをやめて独立することを正直に話しました。ただ、その会社の企業理念にとても共感していたんで、腰掛けで勤めるわけではなく、「勤めるならば企業理念に到達します！」と断言したんです。

採用されてからというもの、僕は色々な企画を手がけたり、出世頭になったり。27歳では中国深圳の支店マネージャーを勤めました。社内でもエリートコースを走っていました。今考えると、若いにもかかわらず、現社長と一緒に働ける機会をいただけたり、とても恵まれた環境だったと思います。バリバリ働いていた間に結婚なんかもして。28歳くらいで深圳に1年ほど駐在することにもなったんです。

その時は日本での給料と深圳での給料を両方もらっていたので、月70万円くらいもらっていました。自分でも、これ以上はもうないと思ってました。

でも、ある日上司の姿を見たときに、この会社で働くことへの熱がサーっと一気に覚めてしまったんです。今まで会社の中で色々企画をしたり、熱意的に働いていたんですが、でもやっぱり心の中でいつか社長になる想いは消えなくて、これ以上自分の気持ちに嘘がつけなくなった。そんな時に上司の姿を見た瞬間、冷めてしまったんです。

それから1週間でスパッとやめました。

いよいよ中学1年生の時から温めてきた「社長になる」という夢を実現する一歩を踏み出したわけです。「事業が成功して儲かる」「絶対いける！」そう信じて疑っていませんでした。スーパー貧乏だった時に社長になるって決めたんは、社長になれば貧乏から抜けられて成功するって信じてたから。僕は中一で社長になるって決意したその時から全く考え方が変わっていなかったんです。


そして、スーパーポジティブで意気揚々と退社しました。

その時僕は30歳。

それからですよ、僕が起業の準備を始めたんは。

ゴール設定で絶対にしてはいけないこと

お気づきですか?

そう、僕は「会社を設立すること」がゴールになっていたんです。

子供の頃からの夢とはいえ、成長して30歳になっても、「社長になる」ことがゴールだった。起業する=会社設立、という考えで、事業を展開するとか、そういう考えはなかったんです。僕は「戦術」「戦略」「集客」っていうビジネススキルとかを「クソ食らえ」って思ってました。だから「やってみないとわからんやん」っていう気持ちで、準備も何もかも会社設立後から始めちゃったんです。

でも、これは大間違い。これが最初のボタンのかけ違い。

起業前にするべき大事なことは、「ゴールイメージ」を明確にすること。当たり前のことなんですけどね。でもこれをやっていないと、いざとなると腰を据えてできなくなっちゃうんです。

ちゃんと目標を設定していないと、どうしてもぶれちゃうんです。本質からしっかり想像して、自分がどうなりたいのかというビジョンをしっかり持つこと。それができたら、思いっきり進んでいく。そして進んでいくからには諦めることがないように、覚悟を決める。これが本当に大事なんです。

STUDY

第１章からの学び

教訓１：「必ずやり遂げるという覚悟を決める」

全ては心の中で覚悟を決めることから始まる。

教訓２：「不安や恐怖に負けずに、なんでもやってみる」

誰もやっていないなら、あなたが切り開けばいい。
なんでもやってみないと、答えはわからない。

教訓３：「スパッとやめる決断をする」

情熱が冷めた瞬間にどれだけ早くやめる決断ができるかで
ゴールまでの達成スピードが格段に上がる

教訓４：「ゴールのイメージを明確にする」

起業をゴールにするのではなくて、自分がどうなりたいかを考える。

第2章

人生のドン底へ突き落とした「勘違い」

30歳で2500万円の借金から起業スタート

満を持して独立した僕は、貿易会社を設立しました。

起業した時は自己資金30万円、自宅の6畳の部屋を事務所として構え、スタッフは僕以外に1名、長女はすでに生まれていたんで、絶対に何がなんでも家にお金を入れないといけない状況でスタートしました。

会社をやめて、まず真っ先に思ったんは、「よーし、銀行から借り入れしよう!」そのために事業計画書を作りまくっていました。

当時、事業計画書を書くのは比較的得意で、かつて大手に勤めていたという実績、それに加えて、中国語が話せる日本人はレアやったこともあり、国民生活金融公庫から1500万円、保証協会から1000万円の融資がいとも簡単に受けられてしまいました。

事業計画書作成から着金まで1ヶ月。2500万円の大金を、30歳のイケイケが借りれちゃったわけです。絶好調の時なんかは高級外車なんかも乗っちゃったりして。

この時の僕は完全に天狗になって調子に乗ってました。実際、その当時は目先500万円あれば、目の前の事業を動かすには十分な金額でした。ただその時の僕は「あるに越したことはないだろう」と思い、この大金を受け取ったのです。

「お金はあるに越したことない」は危険な思考

これ、実はしくじりの考え方なんです。

「あるに越したことない」は非常に浅はかな考えで大間違い。

一番なのは、やっぱり、できることなら「借入れゼロスタート」をするべきなんです。

もしも借りなければいけない場合は、「身の丈にあった借り入れ」をすること！

当たり前のことですが、借り入れをするということは「起業と同時に借金スタート」というわけです。借りたお金は借りた瞬間から利息が発生します。すぐに利益を生むものやサービスに変えない限り、原資は無くなって、返済だけが残るんです。

何度も言います。当然のことですが、これは絶対忘れないでほしい。そして、甘くみないで欲しい。

「借りたら利息が発生する」

そしてどんな状況になろうと、返済していかなければいけないんです。だから、起業の際はなるべく借入れを避け、できたら借入れゼロでスタートしたほうがいいんです。自分は何ができるのか改めて自己分析をして、身の丈を間違えず、借入れが必要な場合は本当に必要なのか、借りるなら本当はいくら必要なのか、もう一度ゆっくり考えてください。

会社の看板を自分の看板と勘違いするな！

僕は中国で商品を作ってコンテナに詰めて日本に輸入する「輸入卸売」の事業をスタートさせました。中国語もできるし、留学時代や前職での経験もある。それにいまだに戻ってきてほしいと前職から声がかかるほどやし、「そんな僕がやってうまくいかないわけがない。」そう思ってたんです。

留学時代の経験もあったから、僕は「絶対うまくいく」って根拠のない自信があったし、「マーケティング? そんなもの必要ない」って本気で思ってました。なんなら、僕には商売のセンスがあるって自負もありました。

でもね、蓋を開けてみれば散々でした。例えば、ネットショップが「オリジナルの商品を作りたい」って言ったら、企画はクライアントにしてもらって、僕は中国の工場を選定。商品化して、それをお客さんの倉庫に納品するという、いわばOEMの輸入卸業者をやっていたんです。

起業して、さっそく初回の取引の時に、中国の工場へ発注したんです。その工場は前職に勤めていたときに関係があって、僕が行けば王様扱い。右を向けといえば皆が右を向くような状態でした。

　でも、その状況って、僕が「大手の会社の人間やったから」なんです。それを僕は自分の実績や能力と勘違いしたまま、そこの工場に発注依頼したんです。もうこの流れでわかりますよね？

　発注したくても受注すらしてもらえませんでした。僕は完全に勘違いしていたんです。自分の経歴は自分の力だと。でも、その経歴って会社あってのものなんです。今までできたのは、僕の実力でできてたんじゃなくて会社のネームバリューやったってその時気がついたんです。

　気づいた時には時すでに遅し。何十件も工場回って、なんとか受注してくれる工場を見つけるも、そんな工場の品質が良いわけがないんです。もちろん不良品の嵐。ただ発注するということも簡単にできない上、さらに不良品の対処もしなければいけなくなったんです。

「スキルを身につけたら起業」という考え方は足元をすくわれる

脱サラしたら裸同然。今ある肩書きも部下を従えるような環境も関係なくなるんです。だから、一人で戦い抜くスキルをしっかりと身につけることって大事なんです。「クソ食らえ」と思っていた僕だからこそ、本当に実感して言えることなんです。

外見的なものにばかり気を取られずに、まずは「中身」。自分のことを把握して強みは伸ばす。弱いところはスキルをつけて補強していく。もうね、【スキルは基本中の基本】。「スキルをつけたら起業」ではなくて、「スキルありきでその先どうするんか」というのが大事。ただ、できるようになるまで起業をしないっていうのもまた違う。学びながら動く。しっかりとスキルを身につけて、一人で戦える準備をしながら動くんです。

STUDY

第２章からの学び

教訓１：「借入れはゼロからスタートすることがベスト」

もし借りなければならない場合は身の丈にあった借入れをすること。

教訓２：「起業すると前職の肩書きは意味をなさない」

会社員で取引先を増やすことができるのは、
あくまでも会社の看板があるから。
自分の実力と過信してはいけない。

教訓３：「スキルを身につけるだけでは失敗する」

スキルは基本中の基本。まずは自分のことを把握する。
また、スキルも身につけるまで起業をしないのではなく
学びながら動くことが大切。

第3章 人生をブレイクスルーさせるアクション

お金に追われるドン底人生

それこそ最初の頃は外車乗ったり、良い時期もありましたが、時代がどんどん変わっていきました。それに付いていこうとしなかったんです。今や知らない人はいない「フリマアプリ」などの出現によって、貿易会社はいよいよ時代遅れになっていきました。中国での人件費や為替がどんどん変わっていった中、僕はひたすら「中国」と「貿易」にしがみついていました。僕はなぜかどうしても「中国」に固執してしまっていて、他の国へ目を向けることをアドバイスされても聞かず、時代の流れに取り残されはじめたんです。

僕は「経営者」ではなく「商売人」気質の人間で、そういう考えが他の事業を考えたりスモールビジネス的な発想をすることを否定してしまっていました。それを受け入れてしまうと、全部が崩れるような気がしていたんです。

自分の固定概念にしがみつきまくり、その結果、新しい方向に事業展開するという発想ではなく、「お金」にフォーカスし始めました。フォーカスせざるをえない状況になっていったんです。

もういつも考えているのはお金のことばっかり。どうやって事業展開していくかなんて考える余裕なんか全然なくて。毎日毎日考えるのは月末に払うお金のこと。月末が過ぎたらまた次の月末のお金のことを考える。

「どう生き延びるか」もうこれしか考えられませんでした。僕は川の流れに流されないよう、必死に足を踏ん張って立っているみたいな状況でした。だからそこから見える景色は全然変わらんかったし、むしろだんだんと立っているだけで精一杯になってきたんです。

資金繰りも悪くなってきて、その月の返済をするんが精一杯な自転車操業のようになりました。

こうなったんは、時代の流れに合わせて舵をきらんかった僕のせい。川の流れが変わってるのに、同じところにいようとし続けた僕の行動が招いた結果。

子供の時は家が貧乏でお金がなかったけど、その時はまだ親から守られていた。でもこの時の「お金がない」状況は本気でどん底でしんどかったです。気がついた時は「時すでに遅し」。ニッチもサッチもいかない状態でした。

家には嫁と子供たちがいるわけで、どうにかして給料を入れなければいけない。だから、アルバイトもしたんです。例えば、風俗嬢の送迎なんかもその一つ。待機中の車の中でパソコン開いてカタカタしたり。そんなことしながら小銭を稼いでいました。自分の在庫商品や、取引先の在庫商品などもフリマで売ったり、外国向けに日本の商品を売ったり。とりあえず、やれることはなんでもやりました。

本当に辛かったです。日々を生き延びるサバイバルな毎日。本気で首を吊ろうかと思ったこともありました。今でも覚えてるんは、高速道路を支えている太い柱あるでしょ？ある日、高速道路の下を走っていた時、「あそこにこのまま突っ込んだら死んで楽になれるんかなぁ」って思ったんです。精神的にギリギリで冷静に判断ができなくなってたんやと思います。当時夜も寝られず、どんどん衰弱していきました。寝ても眠れない。布団からも怖くて出られない。そんな毎日の繰り返し。丸一年そんな生活で、「冷静な、まともな経営者」としての判断ができなくなっていたんです。

従業員も一人去り、また一人去り。それでも完全にいなくなったわけではなかったので、給料を支払うために個人消費者金融なども全部行きました。

でも、僕には本当にどん底の時に「仲間」がいたんです。

だから首吊らずに何とかふんばれたんやと思います。

単純に「仲良しこよし」の仲間ではなく、いわば戦友とも親友ともメンターともいえる、でもどんな言葉でも言い表せないような関係の仲間。志を高く持っていて、昔から僕たちは常日頃、色々な話をしていました。その彼の存在というのが、泥水吸いまくって、どん底だった時に大事な存在だったんです。

例えば、「何かを聞いた時に優しい言葉をかけてくれる」とかそういう表面的なことではなくって、存在そのものが僕の頭にはいつもあって、「歯を食いしばってやろう!」と思える、そんな存在。

僕にとって彼は今でもすごく大きな存在なんです。

変なプライドは捨てて、柔軟に行動せよ

もう一つ、これは他責になってしまうので、あまり言いたくないことではあるんですが、周りの経営者にも騙されてきたな、と思います。取引先の社長さんとの付き合いの中で、どんどんそういう社長さんたちに出会っていくわけです。

そりゃ自分が一番若造で、一番下っ端なんですよね。僕にとっては全てが新鮮で、勉強することもいっぱいあり、こういう付き合いができることが嬉しかったんです。自分が誇らしかった。

でも、ふと気がつくと、吸い取られてばかりだったんです。例えば自分の中国という強みをうまいこと利用されるだけやったり。結局自分だけがいっこも儲かっていなかったんです。まだまだ若造という立場、そういう憧れの場所にいられるという、ある意味の優越感。そんな気持ちがあったので断れなかったり、勝負どころで「じゃあ僕が！」と自ら手をあげて勝負できない根性の無さがこの状況を作ったんです。だから言ってしまうと現実を見ようとしなかった僕自身が悪いんですけどね。

今思えばですよ、変なプライドを捨ててもっと柔軟に対応しておけば、と本当にそう思います。今までもこれからも、マーケティングの知識は大事。時代を読むことも大事。柔軟に動くことも大事。これをやらんかったから、僕はしくじったんです。

「覚悟」を決めた瞬間

「もうこれ以上は生活がもたない。」そう思っていたそんな時、ありがたいことに、ある大手保険会社から声がかかったんです。面接でも「フリーランス的な扱いになる」と。要は金額もそこそこ良く、自由な時間が持てる。

さぁどうしようと思ったちょうどその時に、またすごいタイミングで以前勤めていた大手のA人事部長（現社長）から電話がかかってきました。そのAさんとはそれまでもたまにちょこちょこお会いしていたんです。「どうしてるー?」って声をかけていただいて。

いつもお会いするのはどこかのホテルのラウンジとかやったんですけど、その時は当時できたばかりの大阪本社になったんです。

約束の日、大阪本社に足を踏み入れた僕は、すっかり浦島太郎状態でした。昔とは本当にすっかり変わっていて、単純に「すごいなぁ！」と思いました。その時はAさんはいなかったんですが、Bさん（現人事部長）がいて、Aさんの代わりに趣旨を話してくれました。

これからさらに中国進出していく上で、僕の力が必要であること、年俸制であること、Aさんが今後社長になるために、周りを信頼のおける人たちで固めたい。だから戻ってきてほしい。そんな内容でした。

飛びつかない理由がないわけないですよね。そりゃそうです。もう身も心もボロボロでしたしね。日々を生き抜くので精一杯だった、そんな真っ只中の申し出です。

お金も喉から手が出るほど欲しい。もう嫁さんからもいい加減どこかに働きに出てほしいって言われてたから、「助かったー」って、今まで背負いこんでいたものから解放されるって思ったんです。

家族に話したらもちろん大賛成。もう流れ的に前職の会社に戻るっていう雰囲気に家族も自分も数日はなっていたんですけど、僕の中で何か「違和感」を感じてしまった。一度違和感を感じてしまうと、水の波紋みたいに心の中にざわざわと広がっていったんです。

そう、まだ迷ってたんです。この時僕は、これで前職に戻ったら、もうそれこそ本当に最後だと感じたんです。一生定年まで、この会社で働く。もう外には出られない。自分の独立の夢もこれでおしまいです。一度勤め、辞めてからまた戻るんです。

中途半端には終われません。

それを考えると、戻ってもう一度やるという覚悟が持てなかったんです。もちろん家族にもその旨を伝え、わかってほしいと話をしましたが、まぁわかってもらえなかったですね。そりゃそうです。日々を生き抜いているわけですから。

でもね、その瞬間、またカチン！と覚悟が決まったんです。

自分でもう一度やっていくという覚悟。

僕の人生の分かれ道になる決断でした。その時が僕のスイッチが入った瞬間でした。もう戻られへん。これであかんかったら後がない。もうこれで生きていくって覚悟を決めました。この頃、貿易の仕事が輸出入どちらもしんどくなっていました。

今までは無理矢理、どうやってそこから打開していくか、と固定概念にしがみついたままやっていたんですけど、この覚悟が僕を変えてくれました。「なんでも片っ端からやる」と考え方を変えたんです。

STUDY

第３章からの学び

教訓１：「変なプライドは成功を妨げる」

35歳を過ぎるとプライドがどんどん捨てづらくなる。
年齢を重ねるほど、「素直さ」「柔軟さ」を意識すること。

教訓２：「起業するならマーケティングは大切」

どんな業種で起業するにしてもマーケティングを学ぶことでドン底人生になる確率を下げることができる。

教訓３：「覚悟を決めた瞬間、新しい人生の扉が開く」

覚悟を決めると限界突破できる。
人生をブレイクスルーさせるファーストステップ。

第4章

ビジネスのタネは自分の○○に眠っている

時代の流れにいち早くダイブする

覚悟が決まったらあとは進むだけ。以前の勤め先の喉から手が出るオファーも断り、ちょうど独立したままでやっていこうと覚悟を決める少し前に、後輩の経営者から「民泊って知っているか？」と聞かれました。

その時、僕は初めて「民泊」というものを知ったんです。その話を聞いた時は正直「僕のやることではないな」と思ってました。しかし、いざ腹を括った、覚悟を決めたその時、民泊をやることを決めたんです。この時は自分の考えを改め、方向転換したんです。

「インバウンド」業界。その頃、中国人の爆買いなどが取り沙汰されていたので、予約もよく入り、売上も上がるので面白いなぁと思っていました。需要があったんで、僕の会社はどんどん回復していきました。

最初は1部屋から始まり、そのうち2部屋、3部屋と増えていき、5部屋くらいまでどんどん増やしていきました。

自分の「困りごと」を解決すると、ビジネスになる

いよいよ民泊も波に乗り、部屋数も増え始めた時、あることにぶち当たりました。「清掃」。1室、2室の間は自分たちで清掃をしていたんです。それでも十分間に合った。でも、チェックアウトはバラバラなので、次のチェックインまで間に合わない。3部屋以上になってくると、清掃が追いつかないんです。それこそ、気合いで清掃したりしていたのですが、やっぱり大変なんです。

その時ふと、他の民泊をしている人たちはどうしているのだろうと気になりました。やっぱりみんな困ってる。困っていたんです。需要があることはわかった。そこで清掃代行の仕事を受けようと思いました。

新事業開始です。これもまた別会社で法人を作って始めました。自分自身でも実感し、需要もあることはわかっていたので、この清掃業は見事にヒット。業界自体がグングン増えていきました。気がつくと、小さな事務所から少し大きめの事務所へ引越し、また手狭になったので、もう少し大きい事務所へ引越し。こんなことを4年ほど繰り返していました。

今もまだやっていて、運営の代行もしています。民泊は、シーズンものなんです。旅行はシーズンがありますよね。梅雨時なんかは本当に少ないんです。暇な時は売上がドカンと減ります。2年目、3年目くらいになり、様子もわかってきたこともあって、そのシーズンオフ中をどうにかしたいと思い始めていました。

でも、売上はその時は下がるけど、次の月、7月になるとまたガガって上がって、忙しくなるんです。

だからそれ以外の事業になんとか手をつけたいと思っていたんですが、なんだかんだでずっとやらず、できず、で過ごしてきたんです。4年間そんなことが続きました。

そんな時です。2020年1月。コロナ禍が始まり、2月の売上がものすごく下がったんです。2月だけではありません。

いつものように次の月に上がるなんてことはなく、この時はそのまま下がりっぱなしでした。僕は、まず反省したんです。

なぜあの時、なぜあの凹みの時に次の準備をしていなかったのか。悔やまれますが、言っていてもしょうがない。過ぎた日々は取り戻せません。そこで、何ができるのか考えようということで、２０２０年、この一年の間は勉強の年と決めました。

もともとマーケティングという言葉が嫌いだったんです。前述しましたが、僕は「経営者」ではなく「商売人」という言葉の方が好きだったんです。だからマーケティングという言葉がどうしても好きになれなかった。「コンサルタント」なんて言葉も本当に大嫌いでした。でもここへきて、「目を背けたままではいけない」と思い、勉強を始めたんです。

今までSNSマーケティングなんて言葉も触れることがなく、SNS自体まったくと言っていいほど無縁だった僕は、今SNSも勉強し、そこで出会ったかけがえのない人たちがいて、SNSをきっかけにオンラインのコミュニティも運営しています。

そこではメンバーの学びのサポート以外にも、自分の考えていることをアウトプットできることにもなっているんです。それまでの僕は、貿易をやって、インバウンド業界に身を置いて。そんな中コロナになってまた色々と見つめ直した、この経験たちをシェアしていきたいと思って始めたんです。ＳＮＳを通していろんな人と出会う中で、昔の僕と同じように起業に悩んだり、焦ったり、失敗している人を多く見たから。何かお手伝いできることがあるんじゃないかと思って。

そうして２０２０年の一年間で学びながら新しい事業を３つ始めました。法人は別で一社。さらに友人と作った会社もあります。中国の深圳にオフィスも構えました。コロナ後のインバウンド復活を夢見ていても埒があかないので、またゼロから作っています。

今度は、急速に発展している中国ＳＮＳを使った中国国内でのマーケティングや、ライブコマース販売、対中国の越境ＥＣ事業です。インバウンドも諦めたわけではありません。

将来的に、コロナが収束してインバウンドが復活した時を見越して、中国人向けツアーサポートのインバウンドアプリを We Chat のミニプログラムで開発、運営も始めているんです。これは、今までの苦い教訓から先手先手で準備しているんです。投資の希望者もありがたいことに続出中です。

間違いを認め、反省したら動く。
動けば新しい風は吹くんです。

STUDY

第4章からの学び

教訓1：「時代の流れに素早くダイブできるかで成功するか決まる」

時代の流れをキャッチし迷わずにすぐに飛び込めるか。
「成功」するか「失敗」するかの分かれ道になる。

教訓2：「自分の困りごとを解決していく」

あなたが困っていることはあなた以外の誰かも困っていること。
それを解決できるモノ・サービスを作ると、自然とビジネスになる。

教訓3：「間違いを認め、素早く行動する」

間違いを認めないと成功はない。
間違いを認め反省し、行動することで次のステージへ進むことができる。

第5章　逆転人生の鍵はあなたの中にある「本質」

「自分」という本質を見極められるかが人生を変える鍵

僕の半生、紆余曲折で結構波乱万丈やと思うんです。何度も「経営者」であることを手放すべき時を体験しました。何度も右か左かって判断に迷うことがいっぱいあった。それこそ一番どん底だった時、以前の勤め先から声を再びかけていただけた時。

あの時なんかは、本当に「経営者」であることを手放すべき瞬間だったのかもしれません。今振り返って思うのは、確かに他の経営者と比べたら傷だらけで必死になって駆けた15年でしたけど、でも僕は誰よりも自分の内側に向きあって考え抜いてきた自負はあります。

そういう判断をしないといけない節々で、「自分は何がしたいんか？」とか「自分は何が出来るんか?」っていう、自分という「本質」を見極めてそれに基づいた選択をしていかないと、きっとどんな状況であっても自分が楽しまれへんやろうなって思います。後で後悔することになる。それは例え億単位の収益が出ていても同じ。

状況や環境に流されて選択したその先に待っているのは、やりがいのない、つまらない毎日です。今回この本を手に取り、読んでくれているあなたは、またあなた自身の抱える状況にいるでしょう。

それは僕の経験したことではなく、あなたが経験していること。人それぞれ、違う状況のもと、それぞれの人生を歩んでいます。ただね、もう一回自分を見直して、しっかり自分自身を客観的に色々な角度から見た時に、やりたいこと、やれることのあなた自身の本質の部分を見極めてほしいのです。そして、果たしてその本質に基づいて生きているのかを見直すきっかけになってくれたら、と思っています。

いざ選択するとなると、怖いと思います。でもそれをただ怖がってしまったら意味がないんです。その怖さをも楽しみに変えてやっていけば、自ずと切り開いていけるし、人も自然と集まってきます。集まった人もしっかり巻き込んで、周りを巻き込んでやっていく。そういうサイクルを作るんです。

人生を逆転させるために欠かせない存在

僕はね、前述した「親友ともメンターともいえる人」がいるんです。もちろん、経営者仲間は他にもたくさんいます。じゃあ他の経営者仲間と何が違うんだろう？と考えてみました。

彼も経営者。もちろんスキルなどもしっかりある。ただ、彼はみんなと完全に違うところがある。なんとなく僕と似ている。直感的なセンスが似ているんです。ものすごく考え方のベースが似ているから、ブレそうになると確認するために話をしにいきます。

でね、いつも迷ったときに話をすると返ってくる言葉が「やっぱりそっちやな」ってなるんです。彼に確認をしたくなるところって、本質を見出さなければいけないところなんです。僕も彼もすごく無駄を嫌う。物事複雑にするのが大嫌いで、度直球なタイプ。だから回りくどいことはせず、ド直球に本質と向き合うんです。

いろんな経営判断をするとき、例えばコロナで世の中が混乱している中、僕の事業なんかはモロに打撃を受ける事業。休んで耐え忍ぶ時なのか、今この時に攻めるという判断をするのか。どちらも間違いではないんです。

自分の中でも両方の答えはあるんですけど、ブレそうになる。そういう場合聞きにいくとやっぱり彼から返ってくる返事で腹落ちができる。直感から確信に変えることができるんです。お互いがそういう関係なので、向こうも同じように相談をしてくる、そんな関係なんです。大きな絶対揺るがない僕の大事な存在。本当にいろいろ助けてもらいました。

それこそお金の面でもね。ビジネスをしていく上で、自分の中で出している判断を「ブレていないか」と、彼との会話や経験から得たことから、今でも一つ一つ確認しながら進めています。

それくらい僕にとって彼と交わした会話は大事なことなんです。そして何よりもやっぱりバイタリティーの相乗効果。話して、どんどんワクワクして、どんどん乗ってくる。最高です。今でもそうやって話をしたり、一緒に事業をしたりしているんです。すごく大事だなと思っています。

実はね、助けてもらっただけではないんです。彼も経営者。20年くらい社長としてやっています。小さい所からどんどん大きくしていきました。

でも彼もやっぱりすごいどん底を味わっていて。従業員も事務所も全部取っ払わなきゃいけないようなどん底。僕が体験したのと同じように、布団から出れず、震える日々を送っていたんです。鳴り止まない電話への恐怖。布団の中にもぐり誰に電話しようにもなかなかできない。できても数人しか話せる状態ではなかった、そんな数人の中に僕もいました。

お互い仲間として支え合う。そういう大事な存在なんです。今彼はV字回復をしていて、それこそどん底以前より伸びています。自分も同じような体験をしたし、彼の一連の流れも見ていると、「人間歯を食いしばっていたら、こういう風になるよな」と実感できることを、「実例」で見ているんです。

どん底の時は皆離れていきます。本当に離れていく。でも彼は、僕がどん底だった時も離れず、必ずそばにいた人だったんです。どこかで気にかけていてくれた人。

その彼がどん底だった時は、僕も気にかけていたし、「必ずなんとかなる」と信じていました。戦友、親友、メンター、どんな言葉もしっくりきませんが、そんな言葉で表せられないくらいの、そんな関係。

今も昔も、たまにご飯を食べたら、説教される時があるんです。説教っていうか、叱咤激励っていうか。でもそういう時って必ず何かにびびっているというか、腰が引けている時なんです。僕もそうだし、彼もそう。やっぱりお互い「似たもの同士」ってことですかね。

「経営者とは孤独だ」とよく聞きますよね。本当に孤独だと思います。これは事実です。でも、その中にも大きな存在や大きな繋がりというのはあるし、そこはやっぱり大事にしていかなければいけないって思うんです。

今もしあなたにそんな仲間の存在がいるなら、大事にしてください。あなたにとって人生の糧になります。

STUDY

第5章からの学び

教訓1：「人生を変える鍵は本質を見極めることができるどうか」

「自分は何がしたいのか？」「自分には何ができるのか？」という自分の本質を見極めることで人生の選択肢が変わる。

教訓2：「決断する恐怖をいかに楽しめるか」

人間である以上、何かを決断する時には恐怖が出てくることもある。でも、それを楽しめれば自ずと道も切り開ける。

教訓3：「親友であり、メンターである人を大切にする」

かけがえのない仲間を見つけることで人生のドン底から這い上がる力やエネルギーを受け取ることができる。

Epilogue

走りきれ

あなたは起業するときに、まずどんなことが必要だと思いますか？「何で」起業をするのか。「なんのために」起業をするのか。本質の先が必要なんです。

今は携帯一つで世界と繋がれて、知りたいことは何でも片手で情報が得られる便利な時代。でも逆に情報が多すぎて、便利すぎて、他人のプライベートまでのぞける時代。

だからこそ、「こうやったらどうなるか」とか、「失敗したらこうなってしまうな」とか、やってもいないのにバーチャルで体験できてしまうことが多すぎる。それでやってもいないのに、失敗を恐れて初めの一歩が踏み出せない。自分軸がない人が多すぎるって思います。

例えば、「起業する！」という前に、そもそも何のために起業するのか、なんで起業という手段じゃないといけないのか、自分という本質を考える時間が取れていないんです。

自分のことを突き詰めて突き詰めて、本質を見てこそ初めてその先のビジョンが見えてくると思うんです。ビジョンが見えて「進んでいく」と決めたら、諦めるようなことがないように、覚悟を決める。

迷う暇があるんやったらやってみたらいい。時間は有限やっていうことを忘れたらあかん。つまずいたら、立ち上がったらいい。何度でも何度でも、自分のゴールさえ見失えへんかったら、また歩き出したらいい。僕はそうしてきたし、これからもそうしていきます。

諦めずに歯を食いしばってやっていく。それしかないんです。もう自分のビジョンを見定めたら、後は信じて走り切るしかない！

自分の本質を見つけ、
しっかりビジョンを持ち、
覚悟を決めたなら、

走りきれ！

荒西将志さんへのご連絡は
インスタグラムのＤＭへ

STORY

突然2500万円の借金を背負った、お人好し男の逆転人生

國友 英治

与えよ、さらば与えられん

まずは誰かに何かを与え続けること。そうすればいつかそれはめぐりめぐって自分に返ってきます。GIVEを先にすること。僕は今までの経験から本当にこう感じています。経営者としての自信や情熱が最初からあったわけじゃないんです。行動して、小さな成功体験を積み重ねて、少しずつ少しずつ積み上げて行った先についてきたものなんです。自分迷子になって、先が見えず霧の中で迷っていたこともありました。

でも僕は歩みを止めなかった。

だから霧を抜け視界が開けたんです。もし、今あなたが暗い出口の見えないトンネルを歩いているとしたら、あきらめないで。人生は可能性が無限大で、あきらめなければ自分で選択できる、お人好しで人に騙された僕の経験が、あなたの一つの鍵になることを願って。

まずは、僕「國友英治」がどんな人物なのか知っていただきたいので、簡単に自己紹介をさせてください。

僕は千葉県にある株式会社ユアストーリーの代表取締役を務めています。2018年に会社を起業して今期4期目のまだ若い会社です。僕は理学療法士・鍼灸（はりきゅう）師の国家資格を持っているので、現場で患者さんの施術・治療をする傍ら、医療介護事業者のコンサルティング、組織開発、コーチングを取り入れたチームマネジメント、チームビルディング、従業員研修など集客のお手伝いもしています。また最近ではスポーツ分野へも進出するようになり、整骨院経営や県一部でJリーグ入りを目指すサッカーチームのメイントレーナーを務めたり、S級競輪選手などのトップアスリートの支援なども行っています。

でも最初から、こんなに幅広く事業展開をしていた訳ではありません。一番最初は、本当に何もないゼロから、むしろ大きなマイナスからのスタートでした。何もないどん底からここまで築いてこられたのは、人に恵まれ人に助けて頂いたおかげです。本当に、おかげさまでここまでやってこれました。感謝してもしきれません。でもまずは、なぜ僕が「理学療法士」「はりきゅう師」という医療の道を選んだのか。僕の原点である話を少しだけさせてください。

第1章　治療家人生への歯車が動き始めた「あの日」

3回の転校で身についたコミュニケーション能力

僕は1975年生まれの昭和世代です。僕の父親が証券会社の証券マンで転勤族だったこともあり、小学校は全国津々浦々の4つの小学校に行きました。

6年間に3回の転校をしなければいけなかったので、友達ができて仲良くなってもすぐまたお別れ。その繰り返しでした。新しい転校先ではまたゼロスタート。一から友達を作る環境に対応するために、コミュニケーション能力が自然とついていったのだと思います。

僕の誰とでもすぐに仲良くなれる外交的な性格は、この小学校の時の経験が土台になっています。特に、小学校の先生から「國友君は特別学級の生徒には、特別に優しくできるね。」と褒められたこともあるんです。自分が転校ばかりで環境の変化や一人でアウェイな状況をたくさん経験していたからこそ、小さい時から困っている人を放っておけない性格でした。これが今の理学療法士やはりきゅう師としてのスタイル、コンサルティング事業にも繋がっているのかもしれません。

治療家人生の一歩目を決断した高校時代

小学校は転校ばかりでしたが、小学校最後の転校先が千葉県八千代市で、そこから中学・高校と学生時代を過ごしました。中学・高校とバスケに熱中していたのですが、何度か足首を捻挫してしまったんです。そこから捻挫癖がついてしまって思うようにプレーできなくなってしまいました。あの時に、プレーヤーのコンディションを整えたり、けがの予防もするトレーナーが身近にいればもっと打ち込めたのかもしれません。選手にとって「けが」は選手生命をも左右します。それを身をもって体験したからこそ、今のスポーツ分野でのトレーナー事業にも繋がっています。

高校は当時、千葉県で一番校則に厳しいと言われた八千代松陰高校に進学しました。僕が高校生だった当時は、時代背景的にも今でいう教師のパワハラがまかり通っていた時代です。校則を一度でも破ると、速攻で生徒指導室に連れて行かれてしばかれるのが当たり前な高校生活でした。でもこの厳しい校則の中で3年間過ごしたことで、知らず知らずの内にある程度の礼節が身についていました。そのおかげで、サービス業のアルバイトや、のちの病院就職の際にも「國友君は礼儀がなっているね」と褒められたことがあります。今思うと、社会人としての即戦力的な教育をしてくれていたんだなと後々気が付きました。

高校は進学校だったのですが、僕はあんまり勉強が好きではなくて。高校3年の時の周りの友達は、大学進学を当たり前のように進路先に選んでいました。僕も友達と同じで、なんとなく大学進学を考えていました。そんな時に友達から一つのパンフレットを渡されたんです。それが理学療法士のパンフレットでした。「英治、これからは理学療法士が流行るぞ」って紹介されたんです。高校3年の思春期真っ只中で、何かとカッコつけたり人と違うことをしたいという思いもありました。それに勉強が好きではなかった僕には、「理学療法士の専門学校なら受験勉強もそれほどしなくていいだろうし入学も簡単だろう」という考えもあったので、僕は進路先を理学療法士の専門学校に決めたんです。

高校生の時に、理学療法士の道へ進むと決めたことが僕の治療家としての人生のスタート地点です。

理学療法士の卵として勉強の日々

僕は成田空港の近くにある藤リハビリテーション学院の理学療法士コースに進学しました。最初、僕は「専門学校だしどうせ授業内容も簡単だろう」と思っていたんです。それは大いなる間違いでした。後から知ったのですが、その当時、理学療法士の専門学校の倍率は20〜50倍。狭き門でした。僕の周りは理学療法士になりたくて入学してきた社会人などの友達ばかり。僕はとりあえず人と違うことをしたい、かっこいいかなっていう理由で入ったので、もう学校の勉強にはついていくだけで精一杯でした。毎日、座学から実習、レポートの提出と夏休みもない状態で勉強ずくし。まるで浪人生のように来る日も来る日も勉強でした。僕は毎日必死で「入学したからには卒業する。」これが専門学校時代の最初の目標になりました。そして3年後、なんとか僕は丸暗記して理学療法士の国家試験に挑み、合格。晴れて理学療法士となりました。この時の僕は、国家資格をとり無事卒業できたことで本当に胸いっぱいでした。

まさかここからがもっと大変になるとは、想像もしていなかったんです。

現場で実践しながらスキルを習得

新卒で理学療法士として就職したのは都内の救急病院でした。誘われた病院で家から通勤出来てちょっと給料がいい、職場の環境が優しそう、そんな理由でその救急病院に就職しました。でも実際は、現場に出てからが本当に苦労の連続でした。なぜなら、病院で一緒に働くスタッフはもちろん医師、看護師、薬剤師と医療のスペシャリスト達です。理学療法士の国家資格を取るために丸暗記した付け焼刃な僕の知識は、全く現場では役に立ちませんでした。まずもって、先生や看護師さんたちとのカンファレンスで話している言葉がわからないんです。日本語なのに全く理解できない。まるで外国語を聞いているような状況でした。医療の業界用語を話せて当たり前の世界ですから、僕は最初から土俵にさえ上がることができず、テキストを引っ張り出し文献を読む。もう毎日この連続でした。今のようにインターネットも普及していない時代ですから、分厚い重たい医学書で調べては線を引いて、付箋をつけてと覚えるのに必死でした。

でも僕は本当に人に恵まれていたんです。病院の職場のスタッフはとても優しく親切で、僕のできなさ加減に匙をなげることもなく、粘り強く温かい目で成長を見守ってくれました。「受け入れて、成長を見守る」。この視点でのコーチング的な指導を新人の時に経験できたのは、本当に幸運でした。今の僕の人材育成や社員研修事業にもとても役立っています。

そもそも、「理学療法士」って耳にしたことはあっても、実際のところ何をするのかというのはあまり知られていないと思います。理学療法士は普段生活する上での基本動作(座る・立つ・歩くなど)の回復や維持、関節や筋肉、神経など障害の悪化を防ぐために様々な方法で医学的リハビリテーションをする「運動機能回復のスペシャリスト」です。病院や高齢者介護施設で、リハビリをしている患者さんのそばにいるスタッフが私のような国家資格を持った理学療法士なんです。リハビリと一言で言っても患者さんによってリハビリ方法は全く違います。ただ患者さんの運動機能を回復させればいいというものではないのがこの仕事の難しいところであり、またやりがいのあるところです。

例えば、脳梗塞による後遺症の残る患者さんへのリハビリでは、突然思うように身体が動かせなくなった患者さんご本人のストレス状態や、ご本人のやる気や症状の度合、家族のサポートの有無など、コミュニケーションを密に取りながらリハビリをしていくことが求められます。当然マニュアルなんてものはあってないようなものです。理学療法士ひとりひとりが考えながら、患者さんの状況に合わせたメニューを考えていきます。新人の頃は、この一人ひとりに合わせるリハビリ方法は現場で実践しながら身に着けていきました。

医療業界はかなり「センス」や「感覚」に頼る部分が今でも多いと感じます。先輩に教えてもらっても、「ここをこんな感じで、こうやっていくといい」など感覚的で再現性が乏しい説明方法が当たり前でした。25年前の医療業界では、スキルは職人のように経験を積んで体得するものでした。新人の頃に苦労した経験から、今の新人研修やトレーニングでは誰がやってもある程度の再現性の高い指導方法を確立できるように工夫しています。僕の会社では感覚的に教えるのではなく、「60度の角度ではりを刺す」など、具体的に伝えるようにしています。そうすることで、誰が教えても同じ内容で指導ができるというメリットが生まれます。そして、そのノウハウを今度はコンサルとして新たなビジネスに繋げることもできるのです。

STUDY

第１章からの学び

教訓１：「受け入れて、見守り、自分事化すること」

人材育成のポイントは、ただやり方を一方的に伝えるだけでは下は育たない。最初は誰でもできないのだから、成長を長い目で見守ることが大事。「なぜできるようになりたいか？」を問い続ける自分事化が重要。

教訓２：経験を伝えるのではなく、「やり方を再現性の高い方法で教える」

見て覚えるはもう古い。誰でもできるように具体的に指導できるように教える側も工夫をする。マンツーマンが最適。

教訓３：教える人によってばらつきがでない「誰でもできるような仕組み化」

規模が大きくなればなるほどこれはとても大事。従業員一人ひとりのレベルが上がれば即戦力に繋がりビジネスにとって強みになる。

教訓４：「仕組化すること」でコンサル事業にできる

仕組化することで、時短になるだけではなくコンサル事業への活用など応用が効くようになる。

第2章　治療家から経営者へのステージアップ

はりきゅう師で磨かれた「あるスキル」

救急病院での仕事は毎日が全力で、新人の頃は本当に時があっという間に過ぎていきました。リハビリテーションでは画一的なやり方がありません。今までの経験と知識から自分で考えたプログラムやリハビリ方法で患者さんへアプローチして、思った通りの結果が出たときは本当に嬉しかったですね。笑顔で「お世話になりました」と言って退院されていく姿を見る時が、理学療法士として一番のやりがいを感じた瞬間です。

ただ、時には不運にもお亡くなりになられてしまった患者さんでも、残されたご家族の方に謝意を伝えられたときには当事者がいなくても感謝される仕事、患者さんご本人だけではなく患者家族の生活にも密着している仕事なのだと改めて思いました。

この経験から、「僕はもっともっと勉強して少しでも患者さんとご家族に寄り添えるようにスキルをつけよう、ちゃんと勉強し直そう」と夜間の鍼灸の学校へ通うことを決めたのです。この頃には、心から理学療法士という仕事に誇りとプロ意識を持っていました。

救急病院で働きながら夜間の鍼灸の学校に通うためには、病院で残業は絶対できません。職場の理解がなければ通学することができないので、当時の先輩や同僚にはかなり協力して頂きました。やっぱりここでも、僕は本当に人に恵まれていたんです。

そうは言っても、日中は病院で働き夜は学校に通い、そこからまた家で勉強の日々。体力的にあまりにもきつくて辛くて、「いつやめようか？」と毎日考えていた時期もありました。でも学費も自分で払っていたし、なんといっても職場の皆さんに協力して頂いている以上、ここでやめるわけにはいかないと責任感で通っていたように思います。

また鍼灸の夜間学校の同じクラスには、私より一回り以上年の離れた歯科医や中医、看護師、レントゲン技師など様々なバックグラウンドの人がいたんです。お互いに医療現場で働くという共通点も多く、励ましあい切磋琢磨して卒業できたように思います。僕は「理学療法士」と「はりきゅう師」という3つの国家資格を取得し、仕事においてもますますやりがいを感じるようになりました。

はりきゅう師の資格を取ったことは、その後の僕の治療家人生においても大事な基盤を作ることができました。はりきゅう師になるためには、様々な分野を学ぶ必要があります。解剖学はもちろんですが、生理学・病理学・東洋医学・西洋医学・リハビリテーション医学など、本当に多岐に及びます。

専門学校の時と違い、実際に医療現場で働きながらより深く学べたことで、僕の治療方法の引き出しが増え、患者さんの症状や身体の捉え方の視点が大きく変わりました。実際に、リハビリメニューを考える際にも、この鍼灸の学校で学んだ知識によって僕オリジナルの治療法が確立できました。

その結果、「是非國友さんに担当してほしい」と患者さんの方から言ってくださるようになりました。現状に満足せずに常に学び続けることで、自分の可能性が広がることを実感しました。

そしてもう一つ。はりきゅう師にとって一番大切なことは「相手のことを思いやるスキル」です。誰だって見知らぬ赤の他人に身体に鍼を刺されるのは恐怖心・抵抗感があるでしょう。ですので、まずは施術前の問診で患者さんの症状や状態、また生活スタイルなどプライベートな部分を訊いたりすることもあります。それは直接患者さんの肌に触れる仕事だからこそ、まずは信頼関係を構築する必要があるからです。その点、信頼関係を構築するのに必要な「コミュニケーション能力」や「患者さんの症状を少しでも良くしたい、役にたちたい」という想いを僕は子どもの頃から持っていたので、この仕事が結果的に僕にとても合っていました。

でもこれは医療の現場だけではなく、ビジネスにも通じるところがあるなと感じます。相手のことを思いやり、今目の前のその人が抱えている問題を洗い出し、信頼関係を築いて、誠心誠意治療をする。この治療家のマインドが今の僕のビジネスにおいても活かされているからこそ、僕はここまでやってこれたなと思っています。

開業そして経営側へ

僕ははりきゅう師資格取得のために、在学中は学費を捻出するために休日も理学療法士のアルバイトをしていました。そんなある日、アルバイト先の方から「法人全体での事業拡大を考えていて力を貸してくれないか」とありがたいことに声をかけて頂いたのです。

ヘッドハンティングでした。理学療法士として8年目の時です。大きな病院で安定して働いていたことに全く不満はなかったのですが、「何かを一から作り上げる」という点に魅力を感じ、とても迷いましたが、僕は8年間お世話になった病院へ思い切って辞表を出しました。

その後僕は、千葉県内の大規模介護事業を出がける会社へ転職。それとほぼ同時に、僕は出張型のはりきゅう治療院を開業しました。実は理学療法士には開業権が認められていないのですが、はりきゅう師は開業権があるので、いつでも個人事業主として開業できるのです。この開業権があったことも、僕がはりきゅう師の勉強を頑張れたモチベーションのひとつでもありました。最初は、転職先の事業が地域密着型の訪問型事業を展開して行ったため、僕もそれに合わせて出張のはりきゅう治療をしていました。僕が開業の際に出張型にしたのはそのためです。

転職先は年々事業を拡大していき、次第に僕も現場から経営側へシフトしていきました。僕が主にやっていたことは、経営のボトムアップや人材育成（マネージャー研修）、またそのグループ会社の雇われ社長としてグループ会社内の一つの会社も経営していました。この転職がきっかけとなり、僕は一治療家ではなく経営者の道を歩みはじめました。

STUDY

第2章からの学び

教訓1：「信頼関係の構築」はビジネスでも何事においても基礎となる。

信頼関係の構築のためには、「常に相手のことを考え誠心誠意で接する。」

利己的では絶対にうまくいかない。ビジネスにおいて成功のカギは

「人との繋がり」。相手に何ができるかを先に考えること。

教訓2：「学び続ける姿勢」

学ぶきっかけなんてなんでもいい。満足してしまったらそこで終わり。

成長はない。常に向上心を持って学ぶ姿勢が自らを成長させる。

変化がないことは衰退と同じである。

教訓3：「自分の心の声を聴き、怖がらずにチャレンジしてみる。」

人生は一度きり。時間は有限。

あの時決断できたから、今の僕があると思っています。

もしもうまくいかなかったら、やり方を変えたり、やめればいい。

第3章

人生のドン底は突然訪れた

人との向き合い方が変わった「コーチング」

転職を経たそんなある日、テレビで「コーチング」という言葉をきいて興味を持ち、本屋でコーチングの本を手に取ってみたんです。それが私のコーチングとの出会いでした。私はその本に感銘を受け独学で学び始めました。そして「是非この人からコーチングやモデリングを学びたい」と名古屋にいる師匠のもとへ半年間通いました。

僕はコーチングを学ぶ前は、昔ながらの体育会系のトップダウンの指導をしていました。先輩が言うことは絶対で、理屈や知識、経験がものをいうので、新人は先輩の言うことを聞くというスタイルしか知らなかったし、実際に僕も新人の頃はそうやって先輩から教えてもらっていたんです。だからコーチングを学んで目から鱗なことがいっぱいでした。

そもそもコーチングって僕も学ぶまでは全く知りませんでした。コーチングのポイントでは、「答えは本人が持っている」ということにあります。コーチである僕の役割は、相手（本人）の自発的な行動を促すことによって、目的達成への案内をすることです。僕が先頭にたって相手をゴールまで引っ張っていくのではなく、あくまでもゴールへと自力で行けるように、でも迷ったらその人の道標になるような質問をして、ある程度誘導しながら、同じ歩幅で歩く。そうやって本人も気がつかない答えを引き出してあげること。今まで自分の指導方法とは全く違うものでした。人材育成だけではなく、医療介護現場にはコーチング的視点が必要不可欠だと確信したんです。

コーチングの傾聴スキル「耳で聞く・口で訊く・心で聴く」は五感を通じて物事を理解することが前提で、理学療法士やはりきゅう師にはなくてはならないスキルです。医療現場では同じ症状でも患者さん一人ひとりその背景は違います。一人として同じ患者さんはいないのです。でも慣れてくると、ついカテゴライズしてしまいがちになり作業のようになってしまう。それを防ぐうえでも、コーチングの専門的な考え方は医療現場に積極的に取り入れるべきだと思います。

またコーチングを学ぶと、患者さんへの声かけも変わってきます。リハビリが長期化すると、患者さんの意欲も次第に薄れていって足が遠のいてしまいがちになります。そこへ理学療法士が「リハビリに来ないと、またぶり返してしまいます、良くなりませんよ」って言ってしまうと余計に患者さんの意欲は減退してしまうのです。コーチングを使って「このケガが完治されたら、Aさんはどんなことをされたいですか?」「どんな未来を想像しますか?」と声かけをしてあげるとゴールが明確になって、その未来のために患者さんの行動が変わってくるのです。

そしてもう一つ。今も社会問題になっていますが、医療介護は離職率がとても高くなっています。最初はみんな医療介護職に就く人は「誰かの役に立ちたい、人助けをしたい」と志を持って働き始めるんです。でも現場に出て、だんだんと働く意欲とモチベーションを保てなくなり、心が燃え尽きて辞めていく。負のスパイラルになっていました。だから僕はこのコーチングを取り入れて、患者さんだけではなくスタッフにとっても、もっと働きやすくモチベーションを保てる環境にしたかったんです。

まさか、この考えが僕の首を締めることになるとは、この時はまだ想像もしていませんでした。

経営陣との摩擦

そのころ僕が役員を勤めていた医療介護事業の会社は、グループ全体で15億円の売り上げがある大規模な会社でした。僕以外にも役員が何人かいて、社長の指揮のもと事業を順調に展開していました。

僕は「コーチングを使って現場の働きやすさを改善したい、従業員を大事にして人材育成に力を入れていきたい、医療介護現場にコーチングを普及させたい、」と思っていました。人財育成こそ会社の大きな財産になる。と信じていたからです。

これはコーチングを学んだからだけではなく、僕の根底にある治療家としてのマインドからもきていました。「困っている人を助けたい、人との繋がりを大切にしたい」と思っていたのです。僕以外の経営側が従業員を大事にしていなかった訳ではなかったし、むしろ人間関係はよかったと思います。

でも目指しているベクトルが違ったんです。僕以外の経営陣は、「事業拡大」に何よりも重きを置いていました。

実際そうやって事業を拡大していったので、会社が事業拡大へ向かおうとしている中、「教育や人材育成に力を入れるべき」と声を上げた僕は、次第にほかの役員と売り上げやお金のことも含め、考え方にズレが生じるようになっていきました。

突然の解雇

本当にそれはある日突然やってきました。

その日、僕は会社に呼ばれ、そして社長室で告げられたのは衝撃の内容でした。

「代表取締役、グループの役員を辞任してほしい」という内容でした。

事実上の解任でした。

僕は理学療法士として治療家の道を歩み始めて、転職をして開業をし、同時に経営側にまわり役員まで昇りつめました。

雇われですが社長業も経験して、ここまでずっと一度も挫折をせずに年収もポジションも右肩上がりだったのです。本当にある日突然、僕は役員解任により職と収入を失いました。確かに人財育成に目が行くばかりに、思ったように売り上げも伸びていませんでしたし、役員間でのコミュニケーションが不足していたことも事実でしたが、20年来連れ添ってきた後輩さえも解任に賛同したのです。

個人事業の仕事を減らし、会社のために休まず働き、代表者として借金までして、会社のため、人のためにと働いてきた20年間。

この日初めて、お人好しの僕が、人から利用されていたんだと気がつきました。そしてのちに突きつけられた現実は、前の会社の負債2500万円を個人でを背負うことになったのです。雇われ社長で責任はないと言われておきながら、労働力、人脈、信用、全てを搾取されたのです。今までの生き方を全て否定されたようで、頭の中が真っ白になりました。

僕はもちろんですが、家族にとっても青天の霹靂（へきれき）で、絶望した瞬間でした。

STUDY

第3章からの学び

教訓1：「自分自身をもっと出していい。我慢しなくていい。」

日本人は特にそうですが、遠慮して周りに合わせてしまいがち。
もっと個性を出して主張していい。誰もが、自分自身のために生きている。
情熱とは生まれつき備わっているものではない。育てていくもの。

教訓2：「人材育成は寄り添う姿勢が大事」

指導者は、あくまでも相手がゴールへ自力で行けるよう、
迷っていたら道しるべになるよう誘導しながら同じ歩幅で歩く。
あくまでも隣に寄り添う姿勢が人材育成において、自主性を育む。

第4章 ドン底を回避するには「収入源を複数持つ」

2500万円の借金が不安を増幅させる

僕が家に帰って、「会社をクビになった」と伝えた時、家族も唖然としていました。それほど突然の出来事でした。その時僕には子どもが二人いて、ちょうど中学と高校入学の年で一番学費がかかる時。このことで子供たちだけは絶対に巻き込めないと思っていました。

一人でなんとかしないといけない。でもどうしていいかわからない。お金は口座からどんどん減っていく。すでに、前の会社での赤字が原因で2500万円の借金を背負うことになっていたので、毎日、毎日「どうしようかな」これだけをただただ考えていました。

僕の絶望のどん底時代でした。お金を払わなければ、差押えが来るかもしれない、

2500万円なんてサラリーマンの個人が急に準備できる額じゃない。

いつも頭の中で、ぐるぐる回っていました。そんな時、名古屋の師匠から教わっていたことを思い出しました。基本に立ち返り、自分自身を見つめ直し、もう一度マインドマップを描き枝をたくさん描きました。

その答えは「やれるところまでやってみよう」「ダメなら一度くらい失敗しても許してもらえるかな」「生きていればなんとかなるさ」「再チャレンジ」そうマインドセットしました。

経済的な状況としては本当に厳しかったです。住宅ローン、子供の学費、生活費に加え、それとは別に2500万円の借金です。でも「僕に治してもらいたい人が大勢いる」ということが僕を奮い立たせ、支えていました。まだ、「自分自身が誰かの役に立てるのだ」と思えたからこそ、秘めたるドライブが止まることがなかったのだと思います。他者貢献している実感が当時の僕の心の支えでした。

そしてもう一つ。これは本当にビジネスでも大事なことだと思うのですが、収入源が別にあったことも助けられました。今まで経営側だったのでそれほど規模は大きくなかったのですが、はりきゅう師として個人事業も細々と開業していたので、既往患者の診療という収入源がわずかですが残っていました。収入源が2つあったことに僕は本当に救われました。やはり、会社員でも自営業でも、今の時代は収入源を複数持っておくことは大事なことだと思います。でもその当時、患者数は少なくて、また売上の入金は3か月経たないと入ってきません。はりきゅう師としてどこかに再就職するには43歳は遅すぎると、既往患者さんにお客さんを紹介して頂きながら再度、細々と再建しやっていきました。

でもそれだけでは生活を立て直せません。そこで僕は、会社を設立することを決意しましたが、この時の僕は銀行からの借り入れ方法や、法人口座の作り方さえわからない、本当にゼロからのスタートでした。

時間だけが無情に過ぎる日々

僕は雇われとはいえ社長を経験してはいましたが、「起業のいろは」的なことは一切知りませんでした。本当に何にも知らなかったんです。だからプロに相談しました。僕には幸運にも元国税局職員の友人がいたので、彼からは法人設立のメリットや税金の仕組み、帳簿のつけ方など本当に一から十まで教えてもらいました。銀行からの融資は、法人口座を開設する時に担当者の方に「お金を貸してください」と直談判しました。既存の開業していた鍼灸院の方で売り上げがある程度あったことが功を奏して、運よく創業資金や運転資金の調達ができ、この時の担当者がとても親切な方で、その後もいろいろな相談にのってくれました。

ここでも僕は人に恵まれ助けられました。本当に感謝しかありません。

運よく運転資金を借りられることはできましたが、これといってビジネスになるようなことはなく、最初は口座からどんどんお金がなくなっていく状況でした。コンビニでのバイトさえ考え始めるぐらい起業当初はお金だけが減っていきました。

もちろんその間、何もしていなかったわけではありません。異業種交流会などに誘われてとにかくたくさん顔を出しました。何かそこからビジネスに繋がらないかと思ったからです。でも全くビジネスに繋がらず、時間だけが無情に過ぎていきました。

僕は次第に、「そもそも僕は何がしたいのか？」と目標を見失い自分迷子になっていきました。

STUDY

第４章からの学び

教訓１：「自分が誰かの役に立てていると思えることが、原動力になる。」

大きなことではなくても、家族のため、友人のため、誰かのために役に立つことをする。それが心の支えになってくれる。

他者貢献や社会貢献のマインドが重要。

教訓２：「収入源は最低２つ以上確保しておく。」

これからの時代いつ何が起きてもおかしくない。備えあれば憂いなし。

収入の柱になりそうなことには常にアンテナを張っておく。

それには人脈が重要。自分には思い付かないような情報源が入ってくる。

教訓３：「経営者には財務・経理の知識は必須。」

最低限の財務や経理の知識は押さえておく。会社の存続にも関わってくる重要なパート。セミナーや通信講座、独学でもやる気があればいくらでも学べる。お金の流れは体でいう血液みたいなもの。滞れば命に関わる。

第5章

人と人とのご縁が、いずれ面になる

格好つけずに、さらけ出す勇気

八方ふさがりになってもう手がない、自分だけではどうしようもない。そういう状況になって、僕は以前から付き合いのある医療介護関係の社長仲間に自分から相談に行きました。

「仕事がなくて困っています。何か私にできることはありませんか？」と素直に打ち明けました。恥とかプライドとかそういうものはもうありませんでした。

もしそんなことを気にしていたらきっとあの時、破産していたと思います。僕はただ、本当のありのままの姿をさらけ出しました。そうしたら2～3人が「國友さんとなら一緒に何かやれるかも」と歓迎して仕事を紹介してくれたんです。

また、僕にならこういう会社の人と会ってみませんか?とご紹介もいただくことができました。

一緒に仕事をしていくうちに、自分が目指すべき方向への答えを見つけることができました。僕が行動を起こしてみて自覚したのは、やはり自分の強みは「治療家であるということ」。治療という武器を存分に活かし、そこにコーチングを活かして組織開発や人材育成などのコンサルティングをして行こうというゴールが、自分が動いているうちに明確になりました。

ゴールがあればあとはそれに向かって進むだけです。コンサルティングに力を入れ、治療家としても訪問診療を一人一人の患者さんに丁寧に向き合ったことで、コンサルの依頼や訪問鍼灸の患者紹介が安定してきて、収入ベースも一筋の光明が見えてきました。独立後1年くらいで次の事業展開も見え、業績も徐々にではありますが軌道に乗って行きました。

今振り返ると、当時はとにかく目の前のできることを、一つずつ丁寧にやっていったことが良かったのだと思います。僕の座右の銘で「敢為邁往（かんいまいおう）」という言葉があります。目的に向かって進み続けるという意味です。

自分が何をしたいのか道を見失い、まるで霧の中にいるようなそんな状態の時も、毎日、少しずつでも、例え小さな一歩でも僕は歩みだけは止めなかったんです。

とりあえず行動し続けました。振り返れば無駄な時間やお金を使ってかなりの遠回りをしたと思います。でもそれも全て今に繋がっていると思うので後悔はありません。

もし、あなたが今迷っていたり、やりたいことがわからないと思っているのなら、何でもいいんです、行動してみてほしいと思います。同じ場所に留まっているだけでは、状況は変わりません。動けば必ず流れが変わります。何か違うと思ったら、いくらでも方向転換すればいいんです。

成功しようとか、上手くやろうとするから正解を選ぼうとしがちになるけれど、正解は振り返ってみて初めて見えることだと思います。そして、どの道を選んでも「全部が正解」だと思います。

だって、良くても悪くてもそこから見えてくるものがあるはずだから。僕だって遠回りしてお金もいっぱい使ったけれど、いろいろやってみて改めて「治療家である」という自分の強みを見つけられたので、回り道も正解だったと思っています。

時代に合わせて事業形態を柔軟に素早く変化させる

事業も軌道に乗り始め、これからという時にコロナになり、緊急事態宣言で月の売り上げが50%程落ち込みました。特に影響を受けたのは訪問診療の部分です。

はりきゅうはオンラインではできないので、高齢者介護施設に入れなかったり、患者宅に行けなかったり、コロナでリモートが進む中、対面でしかできない医療介護事業が大きな打撃を受けました。コロナ前まではメイン事業は鍼灸などの医療介護事業でしたが、コロナが長期化の様相を見せる中で「これからはほかにもビジネスツールを増やして行かないといけない」と事業展開を見直すことにしました。

業績が落ち込む中、僕がしたことはとにかく行動することでした。コロナ禍で時間ができたので、僕は今まで同じ業界の人とばかり関わって来たことを見直し、これまで以上に積極的に人と会うようにしたんです。

商工会議所青年部のネットワークや、NPO法人の設立などを通じて新たな人の繋がりから新しいビジネスチャンスも生まれました。

具体的には遺伝子関連事業のＥＣサイト展開や、オンラインでのトレーニング指導、整骨院の開業、スポーツビジネスへの参入など新たなビジネスにも進出することができたのも、この人との繋がりがきっかけです。

今ではありがたいことに業績も少しずつ戻りつつあります。これは早い段階でフレキシブルに対応できたからです。あの時、医療介護事業一つに固執していたら、きっともっと業績は悪化していたと思います。やはり経営者として大事なことは、将来を読む先見性や判断力、変化に対応する能力や、柔軟な発想が非常に重要だと実感しました。

それには、地に足をつけていないとダメだなと思います。異業種交流会とかビジネスコミュニティに参加して、それだけに頼って外面だけ格好つけてもだめだということ。経営者という肩書をブランドバッグのように使うのは間違っていると思います。

経営者に大事なのは、自分や会社の状況をしっかり見て、内面を見つめ直すこと。本質を見抜くことだと思います。これは人でも物でも。

もし僕が最初から人の本質を見極めず、選り好みしていたら今のこの事業展開はありえなかったと思います。「夏の火鉢、旱（ひでり）の傘」という僕の座右の銘があります。

夏の暑い日に火鉢は不要だし、日照りの時の雨傘は無用の長物。でも冬になれば火鉢は活躍するし、雨が降れば傘は必須。それと同じで人には活躍する場面が必ずあるから、要所要所でその人の強みを見極めること。天才軍師と呼ばれた戦国武将の黒田官兵衛の言葉です。僕は、経営者として、常に肝に銘じています。

人には必ず個性があって良い点がどこかにあります。一見、この人とは合わないなと思っても絶対に良いところを見つけるようにしています。「この人の強みはなんだろう？」と考えることで、仕事の温度感や、人付き合いも豊かなものに変化しました。

思っていることは、自分が意識していなくても相手に伝わります。こちらがポジティブな気持ちで接していれば、絶対に相手に伝わるんです。

実は、今力を入れている遺伝子関連事業のＥＣサイトビジネスも、不思議な人と人の縁から発展したものです。最初は、異業種交流会で知り合った人からの縁で遺伝子関連事業を始めたのですが、さっぱりだったんです。

それをある日ふと電話があった長年付き合いのある保険の営業担当者に話したことで、そこから競輪選手を紹介してくれて、またそこから大きな事業への発展につながったり、すべては人と人の縁を大事にしていたからこそ巡ってきたご縁です。人と人の点が縁で結ばれ、線になって、面になる。そしてそこから新しいビジネスに繋がって、という流れでここまで僕の事業は大きくなってきました。

まだ、2500万円は返し終わってませんが、今の自分には前の会社ではいなかった、大切な仲間がたくさんいます。自分の本音を聞いて真剣に相談にのってくれて、一緒にお酒を飲んでくれる近所に住んでいる同じ歳の友達や、幼馴染、いつも傍でダメ出しをしてくれる心友には本当に感謝しています。

STUDY

第５章からの学び

教訓１：「外面だけを取り繕ってもうまくいかない。弱みもすべてさらけ出す。」

経営者になると、なかなかうまくいっていないと言うのは勇気がいる。でもそこを敢えてカッコつけずに素の自分を出す。中身がなければメッキは必ず剥がれる。凄い人を目指すより、愛される人を目指そう。

教訓２：「とにかく行動する」

止まっていては状況は変わらない。まずはとにかく動いてみる。動けば何か見えてくる。小さな一歩でも踏み出さなければ世界は変わらない。

教訓３：「自分の強みを見つける」

自分の強みがわかれば自信にもなり、独自性も生まれる。あなたには他人にない強みが必ずある。知人や友人に「自分の良いところってなんですか？」と聞いてみると自分では気が付かない意外な発見があることも。他者からのフィードバックはギフトとして素直に受け取ろう。

Epilogue

すべての答えは必ずあなたの中にある

振り返って僕はどん底の時に助けてくれる人が大勢いて、本当に恵まれていました。そして助けてもらった時に甘んじることなく、全力で恩を返せるように頑張っての「今」があります。もしあの時、自分自身の事だけを考えていたら、利己的な考えは相手に伝わり、僕はここにいなかったはずです。常に謙虚な姿勢で、人との繋がりや縁を、どんな時も大切にしてきました。そして実際、その「ご縁」に何度となく救われました。

自分の利益優先ではなく、大事なのは、他者貢献や社会貢献。「世のため、人のため」なんです。見返りを求めず丁寧に心をこめてやっていると、それは全部自分に返ってくるのです。まずは誰かに与え続けること。そして小さな成功体験を積み重ねて行くこと。そうすれば、気が付いた時には、おのずと周囲に仲間がたくさんできています。

そして、もしあなたが「何をしよう?」「何ができるのか?」と自分迷子になっているのだとしたら、外に向いている考えを一度、内側に向けてみてください。自分を見つめ直してみてください。答えは必ずあなたの中にあります。シンプルなのです。

僕は、行動して、小さな成功体験を積み重ねて、少しずつ少しずつ積み上げて行った先に自信がついてきました。先が見えず不安になったこともあったけれど、僕は歩みを止めなかった。

偉くなるより愛される人を目指して。

情熱は少しずつ育てていくもの。

だから、勇気を出して小さな一歩でも、はじめの一歩を踏み出してみてください。

國友英治さんへの
ご連絡はホームページへ

STUDY

エピローグからの学び

教訓1：「人との縁を大事にする。」

いろいろな人に助けて頂いたからこそここまでこれた。
一人だけではやっていけないからこそ、人とのご縁はとにかく大切にする。
「ありがとう」という感謝の気持ちを忘れない。当たり前になってはいけない。

教訓2：「先見性・判断力・変化に対応する能力」

経営者はとにかく地に足をつけて物事を見据えないといけない。
先見性、判断力、変化に対応する能力は特に必須。
情報に常に敏感であるためにあらゆるツールを使いこなそう。

教訓3：「本質を見極められる目を持つ」

誰もが自分自身が正しいと思うもの。人でも物でも本質を見極められなければ正しい判断はできない。常に白紙の自分を持てるように。既存の考えや、自分の好き嫌い、先入観で判断しない。時には他人の意見に逆らう勇気も。

STORY

9年間閉じ込められた精神的牢獄から脱出し
たった4年で億超え企業まで成長させた逆転劇

田中　淳吾

Prologue

人生をイキイキと生きてほしい

人生１００年時代と言われ、長らく生きられるようになった現代で、果たしてどれくらいの人が自分らしく生きているのだろう。

死んだ魚のような目をして、夢も希望もなく、ただ呼吸をしていたのが私だった。

あの時、決断しなければ私はまだ、影の存在だっただろう。

自分の軸がないことで、長いこと自分の人生を生きていなかった。

あの日、自分で立ち上がると覚悟を決めた。

そこから私の世界は少しずつ光を取り戻していった。

私は「四谷進学会」という少数精鋭のプロ家庭教師紹介サービスや、「中学受験マッチング」という学校ポータルサイトの運営を行なう会社を経営している。

最初は従業員2名で始めたこの事業も、今では売上1.7億円、全国に500名以上のプロ家庭教師を抱えるまでに成長した。今だけを見れば、光が当たっているかのように見えるかもしれない。でも実際は、ずっとずっと影にいる時の方が多かった。自分の人生なのに、自分らしく生きられるようになったのは30代後半になってから。

私が伝えたいこと。それは「自分の人生をイキイキと生きてほしい」ということ。

そのメッセージを伝えたくて、今回本を出したいと思った。私が長い長いどん底時代から這い上がる過程をシェアすることで、誰かの背中をそっと押すきっかけになるならこんなに嬉しいことはない。

第1章

自分の「心」に素直だった学生時代

自由でいたかった小学生時代

千葉県君津市。特に面白みのない街で、都会的遊び場があるわけでもなく、かといって駆け回る野山があるわけでもない、そんなどこにでもある街に生まれ、18年間を過ごした。小さい頃はやんちゃ坊主で、母親曰く、2歳の頃から一人で団地内の公園に遊びに行く子どもだったという。

高い場所から自ら飛び降りて足の骨を折ったり、旅行中にフェリーから湖に飛び込もうとしたりして、両親を冷や冷やさせたらしい。とにかく動きまわることが好きだった。

小学校に入学しても、遊びまわる日々が続いた。あまり勉強をした記憶はないが、成績は悪くなく、親も特に何も言わなかった。学校の先生は「中学校に進級すると勉強がむずかしくなる」と言って勉強するように仕向けた。勉強が嫌いではなかったが、教師の緊迫した雰囲気から、なんとなく中学校への不安を感じていた。

父は市内にある大企業に勤めていた。千葉県君津市に住んでいる人の多くは、この製鉄会社に関係のある仕事に就いている。三交代制という勤務体系で、朝勤・昼勤・夜勤の勤務時間が週ごとに入れ替わるため、父が家にいる時といない時がある。

「寝ていても務まるような仕事だ」と口癖のように父はこぼしていた。父は若い頃はロックバンドのボーカリストとしてプロを目指し、結構いいところまでいったようだった。そんな夢を追う生活を諦め、寝ていても務まる仕事を何十年もしているのはどんな気分なのだろう。

父はよく酒を飲んでは、母とケンカすることもしょっちゅうだった。両親の仲は決して良いとは言えず、家庭内は不穏な空気が漂っていた。朝勤の時は、一緒に過ごす時間が長くなるので憂鬱だった。帰宅するのをビクビクしながら待っていたと思う。

その頃に私がなんとなく感じていた在りたい姿は、「自由でいること」だったのだと思う。そして自由でいたいという気持ちは、今もなお私の中で、一番強い核のように存在している。

当時の私にとって、家は心からくつろげる場所ではなく常に気を遣う場所だった。だからこそ外では動き回っていた。人を笑わせることが好きで、小学校の卒業文集では「吉本興業に入りそうな人ナンバー1」に選ばれたこともある。

すべてに疲れ果てた中学3年生

小学校の明るかった雰囲気とは打って変わり、中学校はかなり荒れていた。大半の教師はそれを力で押さえつけようとしていた。そんな中学校の雰囲気がなんとなく肌にあわなかった。小学校からの流れで、野球部に入った。

部活動は、はじめのうちは楽しかった。だが次第に、野球部顧問の不公平さと、先輩後輩の上下関係の厳しさから、嫌いになっていった。クラスでも、部活でも、家庭でも、自由でいることができなかった。どこにいても心が休まる時がなく、すべてに疲れ果てて、私は中学3年の春に不登校となり、自室に引きこもった。

一日のほぼ全ての時間を、自分の部屋で穏やかに過ごした。それまでの中学校生活はとても長く、耐え難い日々だった。ずっと求め続けていた自由だった。兄の部屋にある大量のマンガを持ち出して読んだり、ラジオを聞いた。

忙しい日々から抜け出し、有り余る時間は極上の果実のように甘く、そして退屈でもあった。いつも表情を変えない天井は、私をとても安心させてくれた。時々、父が私を部屋から無理やり引っ張り出そうとするが、断固として部屋から出なかった。やっと手に入れた自由を、手放したくなかった。

私はその頃、自由がほしかったというより、心の平穏が欲しかったのかもしれない。事実、精神的に平穏な毎日にだんだん飽き始めていたちょうどその頃に、夏休みが来た。心配した5人の友達が遊びに誘ってくれた。

中学2年の時の同級生だった。毎日のように、一緒にゲームをしたりして過ごした。人と話すのは久しぶりだった。心から楽しいと思った。それをきっかけとして、学校に行こうと思った。

彼らには今でも感謝している。あの時に誘ってくれなかったら、今どうなっているだろうと考えるとぞっとする。その友達の一人は、事故にあって16歳で亡くなった。

彼のためにも、人生を悔いなく大切に生きなければならないし、何十年も長く生きられるということは、本当に運の良いことだと思う。

こどもから大人への転換期

夏休みが明けて9月から学校に行くのは勇気がいった。過去の弱い自分を受け入れて、自らの力で一歩を踏み出さなければならない。代わりに誰かが学校に行ってくれるわけでもない。誰も助けてはくれない。そこには、自分の人生と向き合う責任がある。こどもから大人への転換点を通り過ぎるように、私の中にある何かが少し変わった気がした。言うならば、自らの心の安定は環境に頼るのではなく、自分で作り出すしかないと無意識に悟ったのかもしれない。

失った時間を取り戻すように、受験勉強に集中した。機械的に学習することはむしろ楽しいことにすら感じた。周囲の心配をよそに、高校入試本番で9割近く得点し志望校への入学を果たした。

高校生活は自由だった。中学とは違い自由な雰囲気で、一人の大人として扱ってくれる。でも私はどこまでも子供だった。勉強とは縁遠い生活を過ごした。バンドにのめりこみ、恋愛もしてタバコも吸った。全てが初めてで、ドキドキしていた。でも心の中で「何か違う」と違和感を感じていた。

羽目を外しすぎたせいで、成績は学年で２４０人中２３８番。卒業できるかどうかも怪しい中での受験だった。勉強は思うようにいかず、どう勉強したらいいかも分からない。予備校は映像授業なので、進路相談に乗ってくれる先生もいない。効率良い勉強方法も分からず、目標も定まらない。

気づけば時間だけが過ぎていく。この時の経験が、のちに起業して家庭教師ビジネスをする時に役に立った。結果として、青山学院大学の夜間学部に合格した。受験に対してやり切っていない私にとっては驚きでもあり、もちろん嬉しくもあった。とにかく一人暮らしができる。大学に興味はなかったが、外の世界に出ることに何よりもワクワクした。

第2章

手に入れた「仮の」自由

一人暮らしという「自由」

大学にはあまり行かなかった。経営学部に入ったものの、あまり経営というものに興味が持てなかった。大学の先生達はとても遠い世界の話をしているみたいだった。

その頃、父はストレスからパチンコにのめり込み、サラ金にまで手を出すありさまだった。そのために僕の生活費にまわせる金銭的な余裕はなく、風呂無し四畳半のアパートで、家賃は月24000円だった。生活費を稼ぐためにいろんなアルバイトをした。銭湯に行くお金も惜しかったので、流しで体を洗った。冬の水は冷たく、なかなか震えが止まらなかった。

それでも一人暮らしという自由を手に入れた僕の心は軽やかで、これまでになく自由で、意気揚々と日々を過ごした。でも、大学時代は何かに熱中するほどの高揚感を得られるものには出会えなかった。

就活の時期になり、この先の人生をどうしていいか分からない焦りもあったのだと思う。本当にこのままでいいのか？という違和感をいつも感じていた。その頃、知人から勧められた本の中に、「深夜特急」があった。インドのデリーからイギリスのロンドンまで、乗合いバスで旅をするというノンフィクション小説だ。それを読んで、衝動的に「旅に出よう」と思った。

価値観を変える旅

アメリカを1ヶ月かけて、電車でまわる一人旅。貧乏旅行なので、宿は大部屋で何人もの外国人と過ごす。アメリカ旅行の中で感じたことは、ただただ、「いろんな世界がある」ということだ。

これまで常識だと思っていたことが常識ではなくなる。つまり、価値観の変化だ。旅先での日々は毎日が驚きの連続で、盲目的な興奮状態だった。

日本に帰国してから落ち着いてみた時に、就職やお金など、日々悩んでいることが小さく感じられた。別の世界を経験したことで、ある意味、視座を得たのだと思う。小事にとらわれ、資格をとったり就職したりしても、世界が変わればその価値はあっという間に消え失せてしまう。貴重な体験と学びだった。

価値観が変わった僕は、就職活動をする気にはなれず日々を悶々と過ごしていた。いっそのこと、どこかに逃げてしまいたかった。あのどこまでも魅力的なアメリカに行ってしまいたかった。現実を直視したくなかった。長く勤めていたバイト先のオーナーにそのことを話したところ、アメリカで飲食店を経営している知り合いの社長がたまたま帰国していて、会ってみるかという話になった。現実に迫る就職という問題から逃れられると思った僕は、その話にすぐに飛びつき会いに行くことになった。

結論として社長は、「僕があなたのお父さんだったなら、アメリカ行きを勧めない」という意見だった。父はその半年前に病気で他界したばかりだったので、社長の言葉は僕の胸に強く刻みこまれた。おそらく、後ろ向きな姿勢で渡米を希望していることを見抜かれたのだろうと思う。

もしあの時、反対を押し切ってアメリカへ行っていたなら、また違った人生があったのかもしれない。でも私はそこまでの信念や行動力はなかった。

STUDY

第2章からの学び

教訓1：「学生時代という時間のある時期だからこそできることをやる」

バイトだけに明け暮れるのではなく、旅行をしたり、いろんな人と会ったり、自分が熱中できることを一つでも多く体験す

第3章 精神的牢獄に閉じ込められた9年間

ベンチャー企業役員の裏側

ちょうどその頃、以前のバイト先の社員から約2年振りに電話がかかってきた。アメリカ行きを断念した私は、あてもなくアルバイトを続けながら身の振り方をどうしたものかと考えあぐねていた。

なんと驚いたことに、「一緒に会社をやらないか」という誘いだった。アルバイトとはいえ、一生懸命やったことが認められたと感じた僕は、その誘いに飛びついた。「起業」「取締役」という言葉も魅力的だった。社会人経験もなく、まともに勉強もしてこなかった自分が、なんという幸運だろう。はじめはそう考えていた。しかし、この時の私の考えは甘かったと、後で知ることになる。

気づけば23歳にしてベンチャー企業の取締役になっていた。３人でスタートした会社。設立当初は、塾向けのソフトウェアを販売する営業代行が仕事だった。朝９時から夜中の１時まで、昼休みもなく働く日々。休日は月に２〜３回というハードな日々だった。

真夏の暑い中、塾に対する飛び込み営業が続いた。一足しかない革靴は少しずつ擦り切れ、足の裏のマメが潰れても歩き続けなければならない。営業経験もなく研修もない状態で、売上ゼロの状態が続いた。まったく成約を取れるイメージがない。

そもそも、小さい塾に数百万円のソフトを売るのはハードルが高いのだ。運よく話を聞いてくれる塾も１００件に１件はあったが、大半は門前払いで取り付く島もない。３人のうちの１人は１ヶ月で辞め、社長と私だけになった。

正直、まともな神経では耐えられないが、私はせっかく手にしたチャンスを棒に振りたくなくて、意地でも辞めないと意固地になっていた。何もない自分を拾ってもらった恩も感じていた。

しかし現実は厳しく、レンタルオフィスの４畳半程度の狭い空間の中、二人きりで日常的に叱られる。というより、烈火のごとく怒鳴られることも多かった。給料は月12万円。家賃と食費だけで消えていく。取締役とは名ばかりだった。

塾向けソフトウェアに見切りをつけ、家庭教師ビジネスを立ち上げることとなった。それが功を奏し、順調に売り上げは伸びる。社員は少しずつ増えていったし、給料も少しずつ上がっていった。

だが、社長の暴君ぶりは留まることを知らなかった。どんどんとエスカレートしていき、社員たちが毎日夜中まで働く中で、毎晩のように酒場に通い、気に入らないことがあると、これでもかというほど怒鳴る。

それを愛のムチだと勘違いしていた。休みがないので、リフレッシュすることもできない。今でこそ、「一歩間違えたら死んでいただろう」と思うし、絵にかいたようなブラック企業だった。その渦中にいると、「これが当たり前。仕事は辛いもの」と思い込んでしまう。休みもほとんどないために、友人と会う時間もなく、休みはただ寝るだけ。

そういった生活なので、外部の人と会話する機会がなく、この異常性に気づかない。社会人というのはみんなこんなものなんだろう、と思っていた。それこそが、ブラック企業のもっともリスキーな部分だと思う。

なぜ、9年間逃げなかったのか？

そんな環境の中で、なぜ9年間も辞めなかったのか、不思議に思う人も多いと思う。今振り返ると異常な環境だとわかるのだが、当時はこれが社会人としての試練というくらいに思っていた。精神的牢獄の中で過ごしていると、自分の立ち位置が分からなくなる。友人など外部との接触がないがために比較対象がない。だから「このままで本当にいいのか？」という考えすらも浮かばない。異常な環境が「普通」になってしまうのだ。ただ、目の前に課題があり、その課題を果たすことだけが生きる目的になってしまい、将来のことなど考える余裕もない。まるでハムスターの回転具のように走っているのに一歩も進んでいない状況だった。当時の私は死んだ目をしていたと思う。

一日中働いているので、唯一の晩御飯でドカ食いし、リフレッシュのために酒を飲む。体重は増え、少しずつ不健康になっていく。いま思えば体も心も悲鳴を上げていた。あの時病に倒れていたりしたら少しは変わったのかもしれない。でも、人間とは案外強いもので、そう簡単には壊れない。

今思えば、あの時意固地にならずにもっと自分を大切にするべきだった。もっと学生時代の友人や社外にいる人との交流を持っておくべきだったと思う。もっと自らの心の声を聞くべきだったと反省している。

社長の発した言葉で、特に記憶に残っているのは、「もし裏切ったら、必ず世界の果てまで追い詰める」という言葉だ。軽い脅しのつもりだったのだろうが、精神的に追い詰められていた私にとってその社長の言葉は「逃げる」という選択肢すら奪っていた。

私はサーカスの象と一緒だった。逃げようと本気をだせば逃げられたのに、鎖に繋がれている環境に慣れすぎてしまって「逃げよう」とすら思わなくなっていた。社長の呪縛に囚われたまま長い長い20代は過ぎていった。

甘いささやきに導かれるままに

そうしているうちにも会社は成長を遂げ、とある大企業が目をつけ巨額な出資を受けることとなった。結果としてEC部門が大赤字を出すこととなり、上場企業が全株式を買い取ることとなり会社は事実上なくなってしまう。

私は身の振り方を考える時期だった。当時の安月給を考えると、休むような金銭的余裕もない。どこか塾にでも就職しようか。そう思っていた矢先、前述の社長から家庭教師事業を一から立ち上げてみないか、という提案があった。家庭教師事業はかれこれ9年間も事業部長として携わっていて成長もしていた。会社への気持ちはさておき、事業そのものには魅力を感じていたし、中途半端に辞めたくない気持ちもあった。

そして、「自分が社長になる」ということが魅力的に映った。しかし、当然と言えば当然だが、その社長の自己利益を考えての提案だったことを、後から知ることになる。でもその時の私は、そんなことにも気づけなかったのだ。未熟な人間ほど、甘いささやきに身をゆだねてしまう。

STUDY

第3章からの学び

教訓1：「心の声を無視するな！」

やりたいと思っていることがあるのならやってみる。
逆にやりたくないことからは逃げることも大切。

教訓2：「職場以外の人間関係を持つ」

狭い人間関係は狭い世界しか見えない。
学生の時の友人や社外にいる人との交流は大切にするべき。

教訓3：「自分の軸をしっかりと持つ」

自分軸があれば周りの環境がどうであろうと流されることはない。
人の人生ではなく自分の人生を生きることができる。

第4章 ゼロスタートから軌道に乗せるまで

蟻地獄から抜け出すためにがむしゃらに働く日々

私は家庭教師の事業を新たに一から起業することにした。ハイリスクハイリターンの人生の幕開けだ。会社員はいろんな意味で守られている。

事業内容は、プロフェッショナルの教師だけを専門的に紹介し、少数精鋭のプロ教師のみを紹介することで、質の高い教育の実現を目指した。これまでの9年間のノウハウや人脈もあり、知らない分野の仕事に比べて、圧倒的に成功しやすいと言えた。

起業を勧めた社長は、お金を出してあげる、と言った。だが、今はお金の用意がないから、一旦出しておいて欲しいと言う。そこで私は、親からお金を借り、日本政策金融公庫からも創業融資が出て、なんとか資本金をかき集めた。

お金に余裕がなかったので、自分で本を読みながら、会社登記の手続きなどもやった。やれることは全部自分でやるつもりだった。四谷にあるレンタルオフィスを借りて、前職から連れてきた社員と２人で会社を始めた。そこからの半年が長かった。

まず問題になるのは集客だ。問合せがない限り、１円にもならず、せっかくかき集めた資金はなくなって倒産してしまう。ｗｅｂサイトは、設立後すぐに公開できたものの、すぐに集客には繋がらない。

そこで比較サイトに出稿した。家庭教師を希望するユーザーが、一度に家庭教師会社５社の資料を請求できるようなサイトだ。企業側からすると、５社の中から選んでもらう必要があるため、何よりも営業力がモノを言う。

長年の経験による人脈から、実力のある教師は数名いた。夜遅い時間にお客様に連絡して、怒られることも度々あったが、多少の無理は仕方ない。朝から晩まで、休みなく働いた。キツくないと言えば嘘になるが、やらされではなく、自ら考えて試行錯誤しながらやる仕事は何よりも面白かった。初めて、制約なく仕事を主体的にやれている気がした。

時間的にも少し余裕が出てきた頃、前職の社長との出資の件で、再度揉めることになった。彼が100％の株式を持ちたいという話になったからだ。

「自分が前会社をつくらなければ今のお前はない。前会社の株式は俺が100％出資したんだから、その権利は俺にあるはずだ」と彼は言った。自分なりに勉強して会社を登記したり、半年間でも自分なりに会社を経営したことで、それがどれぐらい危険なことかを理解していた私は反発したが、前社長はそれに対して怒りをあらわにして揺さぶってきた。

その時、彼がどういう人物なのか、冷静に見ることができた。自分はただ利用され、支配されていたのだと。半年間ではあるが、自らが社長として自分で考え、自分で行動してきたおかげで、ようやく今までの自分を俯瞰してみることができた。

精神的牢獄からの脱出

そこで私は覚悟を決め、前社長と袂を分かつことにした。自分の人生を生きずに、人に流されていた私の人生で、それが初めての大きな決断だったかも知れない。裁判になっても、どこまでいっても負けない覚悟を持って、話し合いに向かった。

弁護士も用意し、録音する手はずも整えて、戦いの場に望んだ。当然、色々と反論してきたが、私が自由になるための、大きな戦いで、体中にアドレナリンがほとばしっていたし、覚悟の点で負けるはずがなかった。

この日私は、経営者としての一歩を歩き始めたのだと思う。ついに、長きに渡る前社長との関係に終止符は打たれた。これが永遠に続いていた可能性も考えるとぞっとするが、色々な幸運にも恵まれ、最後は自分の決断によって、自由を手にすることができたのだ。

もちろん、感謝の念が全くないわけではない。就職活動もせずにどうしていいか分からなかった時、拾ってくれたこと。家庭教師事業を行うきっかけを与えてくれたことなどは今でも感謝しているが、私が20代ずっと彼のもとで働いたことで、十分に恩返しになったことだろうと思う。

私はなぜ、こういった精神的牢獄に棲みついてしまったのだろうか。一つには、自分の軸がなかったこと。他人を利用することに何の悪気も感じない社長のような人に利用されていたこと。自分に軸がないとそういう人に知らず知らず取り込まれてしまう。

そうした人に捕まってしまうと、なかなか逃れることはできない。だからこそ、自分がどう在りたいのか、その在り方なり考え方の軸をしっかり持たなくてはならない。

在り方がないから流されるし、言われたことの多くを真に受けて信じてしまう。自分の中で軸が定まっていれば、その軸に合わない言動が自分の身に降りかかってきたとき、防御することができる。

ではどのようにして逃れるか？その方法はとてもシンプルだ。答えは、相手と対峙し、自分の考えをはっきり伝えること。利用しようとする人々は、自分の思い通りに相手が動かないと分かった時、向こうから勝手に遠ざかっていき、別の対象を探し始める。

たった4年で年商億超えを実現させたプロセス

ずっと支配され続けてきた前社長と決別した後からが、事業の新たなスタートだった。邪魔者もいなければ、助けてくれる人もいない。誰の相談もなく好きなように事業を動かせる半面、全てが自らの責任となる。借金を負ったまま倒産したならば、家族は路頭に迷うかも知れない。

毎日数字とにらめっこしていると、その資金が尽きることに対し、極度の不安が襲ってくる。失敗できない、あらゆる手を速く打たねばならない。そう感じながら、がむしゃらに働いた。

家庭教師事業の第一に難しいところは、教師と生徒の両方を集めなければならないことだ。どんな教師を集めるべきかを考えた時、当然「質の高いプロ」を強調する限りは、指導力や人格において優れている必要がある。

これまでのノウハウはあったが、採用面接の質を上げるべく、試行錯誤を繰り返した。まずはどんな基準で採用すべきかを明確にするため、面接シートにおいて重視すべきポイントを明確化した。生徒と教師のマッチングの質を高めるため、他社ではやっていないような「強み」や「指導スタイル」などの細かい項目を数値化し、主観と客観の双方の観点から判断できるよう、精度の高いマッチングの仕組みを整えた。

新型コロナが蔓延する以前から、オンライン面接を導入し、教師の移動にかかる負担を軽減することで、面接者の数を増やすと同時に、許可をとった上で録画を行うことで、面接者だけでなく、社内全体で共有できるようになった。

「可視化」と「仕組化」をしたことで、社内での共有化に成功し同じベクトルに向くようにすることができた。

そして、生徒が集まらなければ、当然会社は立ち行かない。集客にはあらゆる手を尽くした。前述の比較サイトへの出稿、ホームページのリニューアル、SEO対策、リスティング広告、合同説明会でのチラシ配りなどだ。広告の一つ一つのコンバージョン率を計測し、数字の低いエリアは除外するなど、試行錯誤を繰り返した。

広告は料金がかかるが、自然検索による集客は、広告費はかからない。顧客満足度を高める目的とあわせて、ホームページのコンテンツを拡充する施策も行った。

私が学校長にインタビューする「注目校インタビュー」や、受験情報を集めて「志望校対策」などのページを作成していった。そういった地道な努力の結果、google検索において「プロ家庭教師」というキーワードで1位を獲得するまでになった。

だが、いくら問合せの数が多くても、最終的に成約しなければ、売上には繋がらない。成約率の向上も大きなポイントだった。メルマガ配信、資料請求者への無料体験フォームの送信、オンラインカウンセリングの実施、パンフレットにガイドブックを同梱するなどの取り組みを行った。

また、問合せから成約に至るまでの行程を3つに分けてボトルネックを可視化し、強みに応じた社員の配置を行うことで全体の成約率を向上させるとともに、分業制にしたことで無駄なコミュニケーションロスが減った。

全体の流れをすべて一度見直し、可視化してデータを取り、最適な仕組みを作って仕組化してまた社内全体で共有する。こうすることで、ムラや無駄を省き、何に一番力を置くべきかが見えてくる。そのようなあらゆる施策によって、四谷進学会は4期目で売上1億円を突破することができた。従業員2名で始めた事業がやっと軌道に乗り始めた。

教師の質と数を増やす施策、集客と成約率を安定化する施策は整った。次に取り掛かるべきは、会社全体としてのリソースを減らすための効率化だ。機械化において重要なポイントは、人間が行うべきことと、そうでないことを分けることだ。

つまり、機械的な仕事を極力なくす取り組みを行った。教師に提出してもらう指導報告書を、用紙からwｅｂ入力に変更したり、請求を自動化したり、報酬額の計算を自動化した。

教師と生徒のマッチングでは、必ず人間が判断すべき点があるが、可能な指導科目や強みによって絞り込んだり、生徒宅から近い順に並び替えるなど、システム化すべき点はシステム化した。

履歴書や面接予約をwｅｂ化することで、教師の負担の軽減と、会社の入力の手間を省いた。パンフレットの発送は外注した。

電話やメールのやり取りはＬＩＮＥの割合を増やし、固定電話をどこでも取れるよう、どこでも仕事ができる状況を作った。こういった地道な一つ一つの取り組みによって、業務量を半分程度に抑えることに成功した。

新たな取り組みとしては、オンラインプロ家庭教師だ。書画カメラという高性能のカメラを業界で初めて無償貸出を行うことで、教師側が生徒の手元をリアルタイムで見ることができ、対面指導に近い指導が実現した。

これまでにも他社によるオンライン家庭教師のサービスはあるにはあったが、低価格を売りにするサービスがほとんどだった。高品質にフォーカスしたオンラインプロ家庭教師の目新しさから、ｗｅｂメディアにも取り上げられることになった。

もう一つの新たな取り組みは、「中学受験マッチング」という学校探しのポータルサイトの運営だ。「中学受験マッチング」は私立中学高等学校の本来の良さをきちんと家庭に伝えることで各家庭にとっての「最高の学校選び」を追求するため、偏差値だけではない「校風」や「学校の強み」などでの検索により、マッチング率の高い受験生を増やすことを目的としたサイトだ。

ｗｅｂで学校を探そうとしても、信頼性の高い情報がなかなか見つからないという経験をした方も多いと思う。校長インタビューや生徒インタビュー、ぴったり志望校診断、併願校検索などのあらゆる機能により、学校選びに悩んでいる保護者と、相性の良い生徒を増やしたい学校とを繋げるためのポータルサイトになっている。

既存の類似サイトはあるにはあるが、学校側から掲載料を取るビジネスモデルのため、広報費の予算が少ない学校は掲載されず、情報に偏りが起こる。

情報格差をなくし、学校の真の良さが伝わることで、中高６年間の貴重な時間がより確かなものになるし、学校側の負担も減ることで、より良い教育環境が整っていくことを目指している。

STUDY

第４章からの学び

教訓１：「しっかりとしたビジョンを持つ」

自分がどう在りたいのか、じっくり考えて明確化する。
しっかりとしたビジョンができれば自然と自分軸ができてくる。

教訓２：「自分の身は自分で守る」

社会に出て人と関わって行く中で、他人を利用しようとする人と少なからず出会う。そういう時に自分の意見をしっかり言って自分の身は自分で守る事が大切。

教訓３：「可視化・データ化・仕組化」

これをしっかりとすることで問題点が見えてくる。
そしてやるべきことだけではなく、捨てるべきところも見えてくる。

教訓４：「自分の利益ではなく、顧客の利益を考える」

自分本位の利益重視では結果は出ない。例え出たとしても続かない。
顧客の求めていることを追求していけば結果は後からついてくる。

第5章 自分との対話

コーチングとの出会い

その後、プロ家庭教師事業の売上は順調に推移した。結婚して、2人の女の子にも恵まれ、幸せを感じていた。長い間の牢獄のような生活、自由もなく貧乏な暮らしだったが、経済的にも余裕が出てきた。

しかし、何か引っかかりを感じていた。その一つは、人付き合いだった。過去の経験が尾を引いていて、いつしか人を信じることを恐れるようになっていた。またボロボロに利用されるのかも知れないと思うと、本心をさらけ出せなくなっていたのだと思う。

妻との対話もどこか遠慮がちで、社員とのコミュニケーションも距離を置いていた。そして、事業は楽ではなかった。というより、会社を軌道に載せなければならない重圧が常にまとわりついていた。

いつも何かに追われている感じがしていた。いまこの瞬間から何をやってもいいと言われたら、果たして今の生活を続けるだろうか？と考えるようになった。経営者である私自身のそういった不安や焦りが伝わっていたからか、社員全員が同じ方向を向いているとは言い難かった。

時間的な余裕も出てきたので、知人から人を紹介してもらったり、ビジネスマッチングを介していろいろな人に会ってみることにした。そのうちの一人に「会社の理念」を作るコンサルティングをしている人がいた。企業理念は以前からあるにはあったが、本質的なものではなかったし、会社に浸透もしていなかった。自分はなんのためにこの会社をやっているのだろう？それをはっきりするために、会社理念をつくろうと思った。

そんな時、コーチングを職業としている人にお会いする機会を得た。彼は元文部科学大臣の秘書で、教育への造詣も深い。はじめは軽い気持ちで受けてみたのだが、たった一度のコーチングで、自分の問題点が浮かびあがる体験をし、コーチングの凄さを知った。

過去、苦しいことの連続だった人生は、ある意味では自分を強くしてくれたが、同時に心の中にバイアスを生んでいた。

コーチングで強く出ていた私のバイアスは、「自信がない」「嫌われたくない」「認められたい」などの感情だった。

一定の成功をおさめている割に、自己評価の低さにコーチは驚いたようだった。コーチングを進めていく中で、自分は親からも、上司からも、社員からも、誰からも認められていなかったのだと気が付いた。友人達との関わりも避けていて、孤独であることに気づいてもいなかった。自分で自分を認めることすらできず、自信を失っていた。


コーチングをはじめ、マインドに照準を当てることで、自分でも驚くほど普段の表情や気持ちが変わっていくことを実感した。朝起きたら、何に感謝しているか、幸せを感じていることは何かと、思いをめぐらせる。目の前のことに追われていた日々から、少しずつ自分と向き合う時間が増えていった。

そして、自分の軸を見つけ出すことになった。コーチとの対話により、心の中にある二つの大切なものが浮かび上がってきた。一つは「楽しむこと」、もう一つは「相手の幸せ」だ。コーチによると、私の場合、相手の幸せは自然に考えられるようだったが、自分が楽しむことを犠牲にし続けていた。

それによって、どちらも共倒れになっていた。

自分が楽しみつつ、相手の幸せを追求することは、私にとっては表裏一体で、どちらかが欠けると両方とも成り立たなくなる。そこで「それは楽しいのか？」と自問自答し続けることにした。仕事の時も家族といる時も、常にそれは楽しいのかと問い続けることで、楽しむ習慣をつけるのだ。

振り返ってみると、私の人生で本当に楽しかった時期はあったのだろうか。縛られていた中学時代、逃避と快楽の高校・大学時代、20代は文字通り暗黒時代だった。起業してからの数年は、生き残るために仕事に追われる日々だった。そろそろ人生を楽しんでもいいのかも知れないな。そう思った時、少し肩が軽くなった気がした。

生きたい人生を生きるためには？

自分を見つめ直す中で、会社の理念も明らかになっていった。
「日本中のすべての人々が自己実現を叶えるため、根本的なきっかけ作りをするためのイノベーターであり続ける」

これを四谷進学会の理念とした。

最も重要なキーワードは、「自己実現」だ。マズローの欲求五段階説によると、四段階目までの承認欲求までは、動物にもある欲求だと言う。

つまり、動物にはなく、人間にしかない欲求は、自己実現欲求だけということになる。にもかかわらず、多くの人達は、自己実現を叶えられていない。私の考える自己実現とは、「心の底から自分が生きたい人生を主体的に過ごす」ということだ。

私自身、過去の人生を振り返ってみると全く違っていたと思うし、多くの人達が自己実現を叶えられていないと感じる。現状に満足していないのに、心のどこかで諦めていて、自分の本当にやりたいことをやろうせず、自らできないと決めつけている。それはただ、自分で勝手に思い込んでしまい、自分で選択肢を狭めているように感じられる。

そして、私が特に尽力したい分野は、自分の人生を生きていない人が一歩を踏み出せるようなきっかけを作ってあげることだと気が付いた。自分でやりたいことや在りたい姿が見つかっている人々は自走していける。

ある意味放っておいても成長する人達だろう。そして、私がより興味のあることは、一人の人と長い時間をかけて向き合っていくというよりは、根本的なシステムを整えたり、仕組みを変えていくことだ。そういった事業を数多く行うことで、全ての人々が自己実現を叶えられる世の中をつくっていく。

これは簡単なことではなく、数年では難しいだろう。数十年といった長いスパンで考えた時、誰にサービスを提供することに焦点を当てるべきだろうか。私の出した結論は、一つは、子供に直接アプローチすること。

もう一つは、子供に対する影響力の強い大人にアプローチすることだ。影響力の強い大人とは、親や教師などが挙げられる。みんなが自分らしく、自分の人生をイキイキと生きている姿を想像すると、なんとも言えない幸福感を感じられるし、そうなって然るべきだと強く想う。


人はどうすれば、自分の生きたい人生を生きられるのだろうか。1つ目は、自分の在り方や、どう生きたいかをしっかり持つことだ。ソフトバンクの孫正義氏によると、「どの山に登るか」を決められていない人は全体の99%を占めるらしい。人はどんな山に登ってもいい。どの山に登ってはいけないということはない。親の引いたレールを進まなくてもいい。誰が何を言おうと、自分の人生を生きたいように生きればいい。

日々の生活に埋没したり、使命感が強くなり過ぎると、本来の自分がどんな人間なのか、自分がどう生きていきたいかを見失ってしまう。

まずは自分の登りたい山の高さや、形質をしっかりと決めることが大切だと思う。とはいえ、どの山に登るべきかが分からないという人もいるだろう。そんな時は、試しにいくつかの小高い山に登ってみるのもいいだろう。

2つ目は、「自信」と「発信」だ。自分の強みや、興味のあることに集中していれば、必ず成果はついてきて、それが自信につながっていく。できないのではなく、成果が見えるまで継続しないからできないのだ。成果に繋がれば、それが自信となって新たな行動が生まれる。そのようにしか自信を育てることはできない。

そして自信があれば、発信ができる。世の中はどう考えても運命としか思えないという出来事が次々と起こる。例えば、ある話題について議論していたら、翌日に久しぶりに連絡をくれた友人が同じ話題を持ち出してくる。新規事業立ち上げのために資金が必要だと思っていたら、資金が集まってくる。こういう人と繋がりたいなと思っていたら、人が紹介してくれる。そんな具合に人に発信していれば、不思議と必要なものが集まってくる。

「自信」と「発信」。

この両方に言えるのは「信じる」ことだ。強烈なまでに強い想いを持って信じ、その一つのことを実現するために努力を続けること。そうすれば、チャンスは人が運んできてくれる。

STUDY

第５章からの学び

教訓１：「自分と対話をする時間を持つ」

朝起きたら感謝していることを考えてみる。

教訓２：「自分の在り方やどう生きたいのかしっかりとしたビジョンを持つ」

はっきりとしたビジョンを持って、
誰が何を言おうと自分の人生を生きたいように生きればいい。

教訓３：「成果が見えるまで継続する」

失敗したところでやめてしまうから成功できない。あきらめずに継続して成果を出す迄やりきる。そこから自信が生まれ新たな行動が生まれる。

「試練」は人を強くする

田中淳吾さんへのご連絡は
フェイスブックのDMへ

振り返れば39年間、私の人生いくつかの試練にぶち当たってきた。生きることは試練の連続で、そこから逃れようとしても逃れられない宿命にあるのだと思う。

でも、試練が人を強くし、新たなステージへと運んでくれる。私が長く、深く、暗い穴倉から出て、明るい未来への道筋を見通せた大きな理由は、試練にぶち当たったその時、必ず乗り越えられると自分を鼓舞し、自分を信じることができたからだと思う。

もしもあなたが、今試練の中にいるのだとしたら、まずは絶対に乗り越えられると自分を信じて欲しい。そして絶対にあきらめないこと。止まない雨はないように、必ずその試練には終わりがくる。だからそれまで負けないでほしい。

そして試練を抜けられたら、思いっきり自分の人生をイキイキと生きて欲しい。こんな私でさえ、イキイキと生きられるのだから。

お忙しい中、私のつたない文章を最後まで読んでいただき、心から感謝します。私の経験が少しでもどなたかのお役に立てば幸いです。

STORY

悪魔のような現実を夢の世界に書き換える

松井 勇人

Prologue

「あの方」のような男

２０２１年３月23日。遠隔ではあるが、ある男と顔を合わせた。Greenman と名乗るその男は、全身を緑のスーツで飾り、バーチャル背景に南国の椰子の木が踊っていた。

「こんにちは！　松井さん。私が Greenman です！」

ハリーポッターの「名前を呼んではいけないあの人」、もしくは名探偵コナンの「あの方」のように正体不明のその男は、意外なほど爽やかな第一声を発した。歳のほどは30そこそこだろうか。

若く爽やか。しかし謎に包まれた彼は Rashisa 出版という出版社の代表で、事業を7つも経営するやり手らしい。次の本では全国から集めた選りすぐりの起業家に、自身の復活ストーリーを書いてもらうのだという。

「なにか思い入れがあるんですか？」

私は Greenman に尋ねた。

すると身の上話を始めてくれた。

「私はある都市銀行に勤めていたんですけど、激務とあまりの人間関係の悪さに辟易して退職したんです。どんな練りに練った企画でもなんの理由もなくおしゃかにされ、挙げ句の果てに同僚からもねちねちとイヤミを言われてしまう。妻も鬱になったり、なにもかも上手くいかない。でも、ならば自分で会社をつくってやろうと」

「ええ、」

「ですが、、若かったんですね、起業家セミナーに通いまくりました。まったく効果がなくても、総額700万円の借金を背負ってしまったんです」

「早く気づけよって話ですけどね」

「ハハハ、笑えない笑い話ですね」

「必死すぎてどうしようもなかったんです。生きていかなければいけませんから。そこから経営者の話を聞きまくりました。手紙を書き、電話をして直接無料で話していただいた・・・」

「ええ」

「だから復活できたんだと、自分では思っているんです」

「僕は今、過去の僕みたいな人に沢山会うんです」

「分かります。私も似ていますから」

「この企画で、昔の私のような若者たち、いや、若者でなくても勿論いいんです。そうした人を助けてあげられればと、思うんです。分不相応かもしれませんが、、、」

私は、謎に包まれた彼の素性が気になりはしたけれども、その黒幕的な演出もまた、どこか魅力的だと思った。

「すこしぐらい詐欺られてもかまいはしないか」

「まぁ、いずれにせよいつか直接会うだろう」

そして、仕事を引き受けることにした。

若く爽やか、しかし謎多き黒幕。グリーンバックに隠している汚い部分もまた、いくぶんか持ち合わせていることだろう。

ただ、あどけなささえ残るあの爽やかな青年が、過去に死ぬほどの苦労をした。そんな事実を聞いてしまったから、「自分の過去を書き変える」、彼のプロジェクトをどうしても手伝いたくなってしまった。タイムスリップしてでもGreenman を助けたくなった。

だから俺はこの本を、過去の彼を助けるために全力で書くと決めた。

待ってろよ、Greenman。絶対に助けてやるからな。恥の多い俺とおまえの人生が、いつの日にか今いる誰かのエネルギーに変わること、まずはこの俺から証明してやる。

第1章 人間に戻れた日

すこしだけ、私が復活するまでの話をさせて頂きたい。

不眠と重度鬱で8年間投薬され、2年間は風呂にも便所にも行けず寝たきりだった。ある程度良くなっても、6年間ひきこもりでいた。

たまに来る飲み会やBBQの誘いもすべて断る。そんな状態で仲間に会わせられる顔があるわけがない。

しかし、一本の電話が運命を変えてくれた。

「今年の12月に結婚します。松井さんも、来てくれる?」

高校の時によく遊んだ同級生からの電話。それまで俺は、友人の結婚式に呼ばれたことなど一度もなかった。

「このままだと結婚式に行けずに死ぬな」

「……」

「…………」

「ありがとう。行かせてもらうよ」

俺は沈黙の後、精一杯の祝福の声を彼にかけた。四六時中アルコールを飲んでいる酩酊した声だったけれども。

彼の結婚式は十二月にあった。電話から半年ほど先のその日は、それでもあっという間だった。

着るものがなく、70過ぎの親父が昔買った礼服を着ていった。受付にご祝儀を渡すと、そこにいたのはかつての親友二人。

「松井さんじゃない？」

「はい、そうですが。。。」

「俺、大河内と、こっちは林だよ」

「おお！」

「久しぶりだなぁ」


場違いなひきこもりになった俺の雰囲気に顔をしかめられるかと思ったのだが、彼らは心から再会を喜んでくれた。俺のような奴をまともに扱ってくれる人間がいるとは思っていなかったから、この安堵感は計り知れない。久しぶりに人間に戻ることができた。ナチスの強制収容所から解放された気すらした。

後日談になるけれど、やはり身なりも雰囲気もあまりに酷く、受付も騒ついたそうだ。


「なんか凄いやつ来たぜ！」

「ふふ、大きい声を出すな」

「分かってるよ」

「でもさ、いつの時代の服だよ。体型にもまったく合ってねぇ」


「・・・・・・」

「あれって、もしかして松井じゃない？」
「いや、そんなはずないだろう」
「やっぱり松井だよ」

「・・・・・・」
「・・・・・・」

「なんかあったのかもな」
「・・・・・・」

「変なこと言わないようにしようぜ」

当たり前と言えば当たり前かもしれないが、一種異様な雰囲気が漂っていたと、一年ほど経ったところで大河内が打ち明けてくれた。かなり面倒な性格のやつもいたけれど、彼ですらあまりの俺の変わりようを哀れに思い、目を瞑っていてくれたらしい。皆、まったく嫌なそぶりを出さず、パーティから二次会までずっと楽しくしてくれた。

元気な頃なら「変な気を使いやがってバカにするな」と思ったはずだ。しかし当時の俺にはそんな気概はない。今振り返ってみても、あの心遣いはありがたかった。コンビニやスーパーのレジですらギョッとされ、どこへ行ってもしかめ面を向けられるバカが、皆とパーティーに出席させてもらえたのだ。

それからは、大河内が毎週どこかへ連れ出してくれた。
運命の歯車が逆回転を始めたのは、あの結婚式だったと思う。

第2章 それから

大河内は毎週連絡をくれた。彼は中学の時からの親友で、中二の時に俺が陸上部全員から無視されていたときにも「もう松井を無視するのはやめた」と、皆の前で庇ってくれた恩人である。

彼に連れられて行ったのは、神社仏閣だった。当時はまだ三十代半ばで、神仏などには一切興味がなかった。けれど、別段他に行きたいところもなかったものだから、なにも言わずについていった。楽しそうにしていたから、しばらく奴は俺も寺社が好きなのものだと思い込んでいたらしい。一年あとになって「別段興味はないんだよ」と打ち明けると、目を丸くしてびっくりしていた。

それでも、少しづつ、いつの間にか本当に好きになっていたのだ。神仏のことが。

大河内はどこの寺社でも、しっかりと手を合わせていた。仕事のこと、家族のこと、独身だったから結婚のことも。末社にまで丁寧に丁寧に、すべての祠の前で立ち止まって祈っていた。俺も奴に倣い、一緒に祈る。

しばらくして、起業家講座で出会った占い師に教えてもらったことがある。

「運勢が悪い時には神社仏閣に行くんだよ。大木が悪い気を吸い取ってくれるからね」

酒の席での何気ない会話ではあったのだけれど、俺は今でもこの言葉を信じている。祈りと復活は切り離せないなにかで結ばれている、と。寺社から足が遠のくと、明らかに自分の運勢が落ちていることもわかる。

大河内は、俺が思いもしなかったことをよく持ちかけてくれた。

「ららぽーとへ行こう」

2009年に地元磐田市に開業したショッピングセンターだけれども、俺はオープン以来2年以上もの間、一度も足を運んだことがなかった。キラキラした場所に行くには、自分のみすぼらしさが恥ずかしかった。

「俺、一度もららぽーと行ったことないに」

「え？　そんなわけないだろう」

「いや、本当」

「嘘つけ」

「本当に本当なんだ。信じろって」

「・・・・・」

「なんで行かないんだよ？」

「静かなところが好きでさ」

「あぁ、でも行ってみよう」


「こんなTV番組、少し前に見たぞ」

「ジャングルに住む部族をデパートに連れて行くみたいなやつをさ。ハハハ」

「テメェ、アハハ」


彼は忌憚なくなんでも喋るから、俺でも隣にいることができた。それでいて本当に痛いところは突いてこない。ららぽーとは二人のお決まりのコースになった。

大河内に連れられるまで、俺は居酒屋にも行ったことがなかった。大学の歓迎会や職場の打ち上げではあったのだけれど、プライベートではなかったのだ。大学時代はカネがなく、王将や天下一品のような１０００円ほどで収まる店にしか入れなかったし、社会人になってからは友達が一人もいなかった。

「呑みに行こうぜ」


当然その話になる。

意を決して告白をする。


「俺、居酒屋って行ったことないに」

「え？　そんなわけないだろう」

「いや、本当」

「嘘つけ」

「本当に本当なんだ。信じろって」

「・・・・・・」

「なんでだよ？」
「静かなところが好きでさ」
「あぁ、でも行ってみよう」

そして居酒屋も二人のお決まりのコースになった。

社会人になってからはデートをしたこともなかったし、ひきこもりになってからは隣町の図書館より遠いところに出かけたこともなかった。だけれども大河内はいとも簡単に女の子をデートに誘うから、女の子2人と俺たち2人とで遊べたし、熱海や山梨のような遠いところにも当たり前のように連れ出してくれた。
なんだろうか。いつのまにか閉じ込められていた結界の外に引き出されている気持ちがした。一線を越えるたびに、自分が記されている運命のノートを書き換えているような。

「二人ならどこにでも行けるのかもしれない」

俺はちょっとずつ、俺でいるのが嬉しくなってきた。

「松井さん、俺さ」

「法政の静岡サテライトオフィスに入学しようと思ってるんだ」

ある日、奴はそんなことを言った。今はもう撤退してしまったけれども、法政大学はかつて静岡市で大学院を開講していた。大河内は体験授業を受けて、「あなたのような方なら是非いらしてほしい」と教授から言われたと、少し自慢して笑った。

奴は難関の国家試験にも受かっていたし、学歴も高く職歴も羨ましいものだったから、悔しくはあったけれども、そうだろうなと納得した。

大河内の大学院行きの話が出てから、一ヶ月くらい経った頃。

「どうせ死ぬなら、もう一度研究してから死のうか」

そんなことを思った。

「研究だけは力があるはずだ」

「だがもし、なにもできなかったとしたら」

本当になにも力がない奴だと、自分で認めなければならなくなる。それが怖かった。

「しかし、このまま無惨に死ぬくらいなら、、、」

「本当になにもできないか試してみて、できなければ大人しく死ぬか」

俺はもともと大学で研究をしたかったから母校の大学院に進んだのだけれど、教授と大喧嘩をして修了できなかった。生意気で態度も悪かったから、理由をつけてはじかれたのだ。

研究が得意でも、力を発揮するべく現場を整える術は一切持ち合わせていない。地図を知っていても目の前のことは何も知らない。それでは一歩も進めなかった。

その後は転落の一途だった。大学院を辞めてもプライドが高いから役に立たない。就職試験を落ちまくって、お情けで居酒屋チェーンの現場に入れてもらった。高校を卒業したかどうかも怪しい10歳下の若者の罵声を浴びながら、延々と海老の殻ばかり剥いていた。

大学の同期は東大で研究したり、キー局や全国紙、コンサルで腕を磨いている。田舎の居酒屋の厨房で雑用に追われながら、自分には手の届かない彼らの活躍の姿が頭から離れない。

厨房では、バイトがわざと俺に聞こえるように噂をしている。

「あれで大学出てるんだってさ」
「まったく使えねぇよな」
「ハハ」
「早く辞めさせようぜ」

入社一ヶ月目、馬鹿にされていたことに耐えかねて暴走族のバイトに後ろから思い切り蹴りを入れたら、大阪から浜松の店まで社長が飛んでくる大騒ぎになった。配置転換で別の店に移ったが、そこでもすぐ喧嘩して謹慎させられる。学歴が高いからという理由で本社所属の事務に移ったが、文字通り一切なんの役にも立たなかった。

メンタルを病んでしまっていたからかもしれない。電話ができない。

「お電話ありがとうございます。○○支部、松井です」

これが言えない。何日経ってもいくら練習しても言えないから、上司が机の前に「お電話ありがとうございます。○○支部、松井です」と書いたカンペを貼った。

「これを読みながら電話に出ろ」

屈辱中の屈辱だったが、ありがとうございますと礼を言う。しかし、それを見ながらでも言えない。

何度も「電話に出るな」と言われたが、出なければ罵声が飛ぶ。出ても話せない。

「あ、、、ぅ、、あうあぅ、、」

そんな受け答えだから、皆、眉を顰めて顔を背けた。

転職は11回繰り返し、就職試験では誇張なく俺一人で5千社は落ちている。家具製造の現場に入ったとき虐められ不眠になり、転職6社か7社目かでは働く気を完全に失った。

「いつでも障害者申請の書類書かせていただきますからね」

国の補助に頼ることを心底嫌っていた精神科の先生も、さすがに諦めたようだった。しかし障害者申請は出さなかった。自力でなんとかせねばならないと思った。

第3章

死ぬ前にもう一度

大河内のおかげで元気になっていたけれども、相変わらず仕事には就けなかった。11社も転職しているから、望み通りの就職は不可能だ。就職サイトから来るスカウトメールも、「福島の原発清掃　派遣社員募集　月収15万円」といった類で、40前で放射能はきついと思い、受けることはなかった。

「あいつは法政に行くのか」
「どうせこのまま死ぬのなら、最後に俺も研究の世界をのぞいて死ぬか」

私立は学費が高く無理だ。通うことができる国公立は静岡大学と静岡県立大学のどちらか。県大は博士課程まで整備され、経営学の重鎮、奥村昭博教授が在籍されていた。

かつて、すがるように奥村教授にメールを打ったことがある。

「熱い文章をありがとう・・・」

教授は見ず知らずの俺などにもとても丁寧な返信をくださり、自分は副学長の職につくからと起業家研究の森勇治先生を推薦してくださった。

「あの奥村先生が、俺なんかのことを気にかけてくれるのか」

奥村先生は大学の時に読み耽った経営学の名著の著者だった。静岡のような地方におられること自体異例な、重鎮中の重鎮である。

当時生きる希望があるとすれば、先生の一通のメールだけだった。権力者のまなざしというものには、かくも力があるものか。「権力の正当な使い方」のような議論は聞いたことがないが、強者があたたかなまなざしを弱者に向けるなら、それが蜘蛛の糸になり得ると知った。

奥村教授の推薦を受けて森先生を訪ねると、先生は俺をとても気に入ってくれた。ただ大学院入試の面接では、先生以外の全員が俺の入学に反対だったらしい。森先生が一人強く推し、無理矢理ねじ込んでくれたのだ。

そんな裏話も、しばらくして酒の肴に話してもらった。

学校とはこうも夢にあふれているものか。

何かになりたい人が行く場所。何者にもなれなかった現実を嫌というほど突きつけられていたから、まるで浄土のように感じた。夢を持てることが俺にとってどれほど大切だったか。39歳での入学は場違いな気もしたけれど、それも杞憂だった。誰もが親切で毎日胸を弾ませるように通えた。

大学院の教育は素晴らしかった。奥村先生は本当に楽しそうに経営学を語ってくれたし、指導教官の森先生は海外のトップジャーナルに掲載論文がある一流の研究者。そんな先生にマンツーマンでずっと師事させて頂いたのだ。ディハーン先生には英語のリズムを感じさせてもらい、今ではCNNも原語で聞き、読む文献は全て英語になった。

上野雄史先生には、起業家の中溝一仁さんとの運命的な出会いをさせてもらった。

夢から覚めて現実に生きるのが大人だと思っていたのだけれど、中溝さんの仲間は皆おおっぴらに夢を語っている。それが起業家だった。新しい時代の日本の起業家たちは、世知辛い戦略ではなく共鳴しながら事業をするのだ。京都大学の伊藤智明先生が共愉（きょうゆ）と呼ぶ起業家の生態がそこにあった。

中溝さんは彼のコミュニティで数百人の起業家を束ね、おもしろくゆるくも真面目な研究会をたくさん運営されている。ドラッカーやパーソナル・ブランディング、リスクマネジメントなどの研究会を。立教大学の講師で、社会学の研究をされていたことも俺には魅力的に映った。

それからは中溝さんのコミュニティに入れて頂き、起業家の実際についてインタビューをしまくった。そしていつしか自分も起業家になってしまっていた。

「これが勤め人の幸せの限界だよ」

森ゼミの後輩ＯＢに俺からそう話したことがある。ＯＢＯＧ会に来る人間というものは、すべからく成功している。良い会社で良いポジションにいる。目も眩むようなステータスを得ている奴らもいる。だが夜がふけてくると、楽しい飲み会が次第に愚痴合戦に変わってしまうのが通例だ。

「上の人間がバカでさ」
「仕事が最悪につまらなくて」
「もう転職したい」

酒の力が入れば本音を抑えきれないものだ。

「今、一番強いのは市場を作り出せる人間だ。ブランド企業の社員じゃない」
「起業しなよ。俺たちは飲み屋でいつも愚痴じゃなく、夢を語っている」

時代に必要なものは、現実を解釈するための夢なのだと思う。現実を積み重ねれば夢が叶うと思われているけれど、そうじゃない。夢を描ける人間だけが、うつし世に夢を実らせるのだ。

「現実的」に生きたら現実に押しつぶされてしまう。俺だけでなく皆がそうだ。これでは社会を悪化させるばかりではないか。人が寄って立つのは、事実より理想の方がふさわしい。

「会社ではなく、自らの信念に尽くす」

これがドラッカーが何よりも重視した真摯さであって、知識社会を生き抜く術であるのだから。

第4章 半年後に、親友と別れる時が来ます

「これから半年後に、親友と別れる時が来ます」

心から信頼している占い師に見てもらっている時、そんなことを言われた。

大河内のことだとすぐに分かった。


「いったい何を言っているのか・・・!!」

「あなたの位置が変わっていくんですよ」

「恐れることはありません。ステージが上がっていくときには仕方がないことなんです」

「どんなやつとだって、一緒にいちゃいけないなんてことはないはずだ」

「フフ。その通りです。でも、もう決まっていることなんです」

「そんなことはない」

「フフ。時期が来たら分かります。。。」

「いや、、、」

「あいつだけは、あいつとだけは、、別れるのは嫌だ」


当時、俺の話を聞いてくれる方など、この世に一人もいなかった。努力をし、背伸びをして目新しい知識を仕入れてはみたが、そんなことをしても顔をしかめられるだけだった。どんな人間でも、受け入れてもらえなければ社会的な死人だ。

大河内は不思議に俺が何もかもを失ったとき、いつもふと現れてくれる奴だった。陸上部で無視されたとき、浪人をして一人も友達がいなくなったとき、ひきこもりだったとき、学問をあきらめたとき・・・。


あいつを失うというのか。


「死の淵にあってなお私を私でいさせてくれるものは、」

彼は最後にこう記している。

「愛に彩られた記憶だけだった」
「今、病床で横になって、人生を振り返ってみて分かった」
「私が一生をかけて積み上げてきた富や名声など、死という最後の審判を前にして、なんの力もなかったということが」
「死の淵にあってなお私を私でいさせてくれるものは、愛に彩られた記憶だけだったことが」

S・ジョブス

死の床にあって我らが思い出すのは、いったい誰の記憶だろうか。
もう昔々の話に思える。話を聞いてもらえない代わりに、俺は徹底的に他人の話を聞くことにした。死ぬ覚悟で学問の世界に入り、中溝さんのコミュニティで起業家らに心を許してもらった。

実は、どんな人の興味でもひける話題が、この世に一つだけ存在する。
それは、その人自身の話だ。

「あなたの起業についてお話しください」。人の話を聞けば相手にしてもらえる。親切な方が大半だったが、なかには10時間以上のべつまくなしにしゃべり続ける人もいたし、週一で4~5時間、自慢話しかしない人とも2年以上付き合った。思い出深いのは酒を飲んで豹変した男に、深夜12時から夜が明けるまでずっと罵詈雑言を浴びせられたことだ。彼は数年して蒸発してしまったけれど、今でも友達だと思っている。そんな、どんなバカな話も辛抱した。

もちろん尊敬できる方からも沢山話を聞かせてもらった。経営学の最高峰、組織学会での発表にまったく不安がなかったのも、そうした方々のおかげだ。

ただ、バカな話をえんえんと苦行のように聞いたこと。それこそが本当の自分の力になったように感じるのだ。理由は分からない。俺が可愛がっていただいている『もしドラ』の作者、岩崎夏海先生も同じだった。このあと俺は恐るべき強い人間へ変わっていった。2年ほどで起業してもなんとかなる気概を掴めたほどに。電話すらとれなかった人間が、今ではかけがわＴＶという地域ネットＴＶでコメディアンのように喋っている。

ある野球監督の言に、こんなものがある。

「最近の監督は頭で話をするが、それだと全く響かない。頭じゃなくて腹で話をするんだ」

野球コーチの中澤義明さんから聞いた話だ。

腹で話せないのは、優秀な話をしてしまおうとするからだと俺は思う。

肝心なのはポジティブでもネガティブでもない、掛け値ない話なのだ。大河内や林とともにいられたこと。中溝さんの起業家コミュニティでいっしょにいさせてもらったこと。

俺が元気を取り戻せたのは心の底からたわいもない話をさせてもらったからだ。

プラスでもマイナスでもない、ゼロの話なのだ。自分自身を取り戻せるのは。

うちの塾の不登校の生徒が、唯一外にでてくる時間がある。友人とのキャッチボールの時間だ。俺や他の大人がどんなに親切に優しく接してもダメだった。

奴のいいところを見てやろうというのも違う。自然体でいられなければ本当じゃない。鎧を着込んだ世界最先端の〝ためになる話〟じゃない。裸になってお互い本音を出せるかどうか。どんなに滑稽でバカな話だろうが、そっちの方がいい。だからこそ俺も朝まで罵詈雑言を浴びせてきたバカを友達だと思っているのだ。あいつも俺が本音を話せた一人だからだ。

「あいつだけは、あいつとだけは、、別れるのは嫌だ」

大河内とは会えなくなった。

また一切合切を失ったら、戻ってきてくれるかもしれない。ただ、そうでなくても死ぬ間際になって俺はあいつを思い出す。中溝さんのコミュニティーの仲間も、かけがわTVの仲間も、塾の生徒も、かけがえのない仲間のことをすべて。

ジョブスが最期に望んだものが、もうこの手にある。

彼と永遠に会えないとしても。

珍しいことじゃない。友達はレストランのバイトのように入れかわり立ちかわりかわっていく。


「俺はこの街から抜け出せないんだろうか」

「君ならなんだってできるよ」

「ああ」

「そうだな」

「握手してくれ」

「また会えるよね?」

「俺から会いにいくさ」


（映画『スタンドバイミー』より）

第5章 喪失の先

ドラッカーの『マネジメント』にこんな逸話がある。

【三人の大工】

あるところに三人の大工がいて、旅人が話しかけました。

「なぁ、なにをしているんだい？」

一人目の大工はこう答えました。

「え？　見りゃわかるだろ」

「食うために働いてるんだよ」

「なぁ、なにをしているんだい？」

二人目はこう答えました。

「ふん、驚くなよ」

「俺はな、この国で一番腕のいい大工なんだからな」

「なぁ、なにをしているんだい？」

三人目は、笑ってこう答えました。

「ハハ！　わしゃぁね、大聖堂を建てているんだよ」

（P.F. Drucker "Management" 英書版より私訳）

実は、ドラッカーが一番問題視しているのは2番目の大工だ。彼の働きかたは、我田引水が目的になってしまいがちになる。

【我田引水（Weblio 辞書より）】
我田引水とは、他人の事情などは考えず、自己中心的な言動をするという意味のこと。稲作の命である水は、本来近隣の皆で分け合うものだが、自分の田んぼにばかり水を引き込もうとする者を例えたのが由来である。

そんなものは仕事ではないとドラッカーは言う。ただ、今の専門職だとか高等教育というものは、効率的に2番目の大工を育てるためだけにある、と言っても過言でない。

2021年4月24日、米国ドラッカースクールの講義で、ジェイ・プラグ教授がこう話してくれた。

「私は学生時代、バスケをやっていたんだ」

「いい仲間と一緒で、最高に幸せだった」

「だけど、プロバスケ選手になれた仲間なんて誰もいない」

「じゃぁ、なぜバスケをやっていたのだろうか？」


「学校を卒業するとする」

「たいていは、学んだことで直接食べられるわけじゃない」

「じゃぁ、なんで学校へ行ったのだろうか？」


「ドラッカーはよくこう言っていたんです」


「すべてが終わったとする。学校も卒業し、仕事も退職する。妻や夫にも先立たれる」

「そのときあなたはいったい、なにをするんだろうか？」

「もうなにもできないのだろうか？」

「あなたはいったい何をもって覚えられたかったのだろうか？」


変化が早いこの時代、自分の仕事がなくなってしまったり、社会から取り残されたりすることくらい多々ある。
先日、とある友人に「パソコンスクールの仕事をしてみたらどうか」と誘ってみたのだけれど、こう返ってきた。

「そのうちパソコンなんてなくなるぞ」

だが、今はすべての仕事がそうだ。僕は学習塾をやらせてもらっているけど、近い将来あらゆる学習塾がAIに取って代わられたってまったく不思議じゃない。なら、なぜ学習塾をやるのか？　なぜこの仕事を選ぶのか？

原稿執筆の前、編集長のGreenmanがこう伝えてくれた。

「私の妻も、かつての私もそうでしたが」
「社会から孤立する人が、今とてつもなく増えています」
「どうやったら、孤立せずにいられるのか」
「どうしたら、そんな人が世の中を渡っていけるのか」

「この辺りを松井さんに、しっかりと書いて欲しいんです」
すべてが移り変わってしまう時、俺たちには何ができるのだろうか。

職を失った後、
倒産した後、
なにも手につかなくなった後、

劣等生になった後、
身につけた学問が役に立たなかった後、
プロスポーツ選手になれたかった後、
親友がいなくなった後、
妻に先立たれてしまった後、俺たちには何ができるのか。

ドラッカーはこう言っていたそうだ。

「でも、僕は仲間を作れるんだ」

でも、僕は仲間をつくれるんだ。

どういうことだ？

「なぁ、なにをしているんだい？」

三人目の大工は、笑ってこう答えました。

「ハハ！　わしゃぁ、大聖堂を建てているんだよ」

彼は仲間を作ることができる。天職は仲間をつくり、喪失を満たす。人を失敗から自由にしてくれる。

ドラッカーにとって、仕事は名誉を得るためのものではなく、仲間を作るためにあった。

名誉は人に地位を与えるが、仲間は人に生きる意味を与える。

二番目と三番目の大工の違いは、そこにある。

第6章 運命の恋人を思う

だれにも、どうしても忘れられない恋人が一人いるように、だれにも、絶対に手放したくない仕事が一つある。天職に巡り合うことは、運命の恋人と出逢うことに似ている。若い頃は意中の彼女をルックスで選んでしまいがちかもしれない。もちろん外見と相性はイコールではない。肌感覚が合う人なのだ。人が生涯の伴侶としたいのは。

「私ね、いつまでもこうしていられるんだ」

友人のジャンは、去年彼女と川辺で佇んでいた時にこう言われ、結婚を決めた。自分を自分でいさせてくれる人。飾るのでも威張るのでもなく、自然でいられる人。

天職を得るためには、運命の恋人を思えばいい。

彼女とは、どこでどのように出会うのだろうか。
どう口説こうか。
どんな愛を育もうか。

そして、、どう別れようか。

僕は女性と縁が薄いけれど、仕事にも振られ続けてきた。勤め人だったころは、一番長く勤められても一年九ヶ月。十一回した転職で、半年持てば長い方だった。

人とぶつかってしまうのだ。

僕とよく似た友人がいる。あるとき二宮尊徳の七代目の孫、中桐万里子さんに相談させて頂いた。実力のある男なのだけれど､仕事にも女性にも振られ続けたと。棘があるのだ、彼の言葉には。プライドが高いがために。

「そんなエゴさえなくせば、どこまでも出世するのにね」

自分のことを言われたような気がして恥ずかしかったけれど、とてつもなく有り難かった。僕の起業のプロセスは、いかにエゴを消すかに終始している。それが肝だったのだ。

２０１７年４月、39歳で静岡県立大学大学院に入学。母校立命館の大学院を２年で放校になっていたから、再挑戦になった。

当時は正直なところ、起業家研究のために入学しながら、「起業する人間なんて頭がおかしい」くらいのことを思っていた。偉い先生に気に入られて、大学の研究者になってやろうという魂胆だった。場所さえ与えられれば、ある程度の学者になれると信じていたのだ。

上野雄史先生の授業で紹介してもらえたのが、僕の運命を変えることになった起業家の中溝一仁さんだ。中溝さんは立教大で講師もしていて、会社を経営しながら色々な勉強会を主催されている。

最初は相当躊躇したけれど、喋らなくても拒否されることがない中溝さんのところに、僕はどんどん出席させてもらうようにした。多い時には週に2、3回、静岡市まで東名を一時間飛ばして出かけた。塾を始めるまで何年かはそんな感じだった。

実を言うともう一人、運命を変えてくれた方がいた。だが、その方とは大喧嘩をして今はほぼ音信不通だ。凄まじいカリスマで、講座で話をすると9割くらいの出席者が感動して泣き始めるほどの人だった。

彼はコミュニティを嫌った。今思うと、ただ自分の圧倒的なカリスマを発揮する場を求めていただけなのだと思う。いつのまにか人を育てるのではなく、けなすことが多くなっていった。

彼の会の理念があまりに素晴らしかったから、僕も長い間一緒にいさせていただいた、、、のだけれど、「先生のお知り合いの◯◯さんに会った」というと、「勝手に会わないでくれ」と言われることが多くなった。会って良いという許可をもらって会っても、そんな覚えはないと言い出す。そのうち恫喝、セクハラ、無料セミナーでの金銭の要求などを繰り返すようになり、いい加減にしろと大喧嘩を吹っかけたのだ。

一方、中溝さんはカリスマというよりコーディネーターという感じだった。今流行のファシリテーターと言ってもいいのかもしれないけれど、洗練されていながらどこか泥っぽいというか、懐かしい感じのとっつき易さがある。芯が強いのだけれど、物腰が柔らかく女性的なのだ。

中溝さんの集まりは圧倒的に居やすい。勉強会の後には必ず飲み会があり、皆たわいのない話をしている。ペンキ屋さんの大将と大学の副学長が本気で語り合ったり、公認会計士とニートが卓球の話に夢中になったりする。

上場企業を目指す起業家が大失敗をし、さらに復活を遂げて、また大失敗をして、それでも割と平然としていた。

赤提灯をハシゴするように、人生劇場をハシゴしていい場所なのだ。

中溝さん自身から学ぶことも多いけれど、仲間から学ぶことも多い。僕はその一人の佐藤英太郎さんに影響されて、「起業するやつなんて頭が逝ってる」と思っていたもぐりの起業研究者から起業家になったのである。この話は何度も書いているけれど、おそらく英太郎さんを含めた中溝さんの仲間たちは誰も覚えていないと思う。

秩序でもなくカオスでもない、何かが生まれくる場所を物理学では「カオスの淵」と呼ぶそうだけれど、中溝さんのところはまさしくそんな場所だった。

「私は誰とも話ができない人間なのです」

そんなふうに言って、勉強会や飲み会に来てもお店の隅で愛想笑いをするだけの女性がいた。その彼女が実に一年と少ししたら、静岡県中を股にかけてライブをするバンドのボーカルを務め、その模様を YouTube にアップし、飲み屋で新しい恋の話を披露して中学生女子のようにはしゃぐようになった。

そんなカオスの淵で、僕自身もエゴを洗い流させてもらったように思う。そして起業家になれたのだ。

今は学習塾をメインに経営しているけれど、最初からなにか大層な志があって塾をすると決めていたわけじゃない。

塾しかないと薄々感じながらも、当初は文章を使ったコンテンツビジネスをしようと思ったのだ。色々とダメ出しをされる中で思い直し、次は動画を使ったビジネスをしようとした。『日本の社長.tv』という、全国に動画ビジネスを展開している会社の社長にも直接会わせていただいた。

当時の中島一明社長は僕が連絡をしたことを、とても喜んでくれた。

「私も、この事業をはじめる前に地元九州の会社の社長たちにメールをたくさんして、話を聞きまくったんです」

「あの時の恩返しをすることができる」

「すごく嬉しい」

銀座の喫茶店で初めて会わせてもらった時、僕が時間をとっていただいたことを詫びると、社長はそんなふうに話してくれた。

Greenmanもそうだけれど、会社の創業者というのは特に起業の相談に快く乗ってくれることが多い。ちなみにサラリーマンをしている部長クラスだと、俺の場合猛烈に面倒臭い顔をされた。

サラリーマンは人を肩書きで見ることが多いのだ。熱意を持って話しかけても、「仕事を増やすな、おまえ程度の奴が」といった顔をされがちになる。それ以上話しかけてもこちらも時間の無駄だ。申し訳ないけれども、やはりサラリーマンは駄目だと思ってしまう。

だが起業家は人を見ている。彼らは肩書きでなく人物を見てくれるから、こちらも言動や立ち居振る舞いを自省する。するとどんどん個性が輝き、人と会う自信が湧いてくる。彼らと会うと、人と会う力が磨かれる。

当然、俺でも緊張するし気も使う。慣れていても大変なのだ。だがそれも、「私は誰だ?」という答えに迫るゲームのような気がするのだ。

人の存在意味を解明したと言われる哲学者、ハイデガーはこう述べる。

「存在とは不思議なものだ」
「悩みや喜びがつきまとう」

「存在とは何か?」
「なにかを問われるものだ」
「人に存在意義を問うのは、人であろう」
「しかし存在意義を問う、問いの源があるはずだ」

「それが『神』である」

人に問い、省察を促すものが神だとしたら、起業家とは神に仕える者かもしれない。ステータスではなく人そのものを尋ね、我らに自己を見据えさせる。

経営学の神、ドラッカーはこう言う。

「世の中を本当に豊かにするのは経営者である」

政治家でも宗教家でも哲学者でも科学者でもない。世界の現場で格闘し、新しい価値を掘り起こす起業家こそが世の中を本当に豊かにするのだと。

次世代の経営学をリードするサラス・サラスバシーという天才がいる。彼女の起業理論を一言でまとめるとこうなる。

「『自分が誰か』を分かっている者・・・」

「・・・それが起業家である」

極めて現代的な問いだ。

彼女は起業家を生み出すために最も重要なものは、「私は誰だ」という問いだとする。

そして俺は思うのだ。「私が誰か」を知るためには、たくさんの起業家に会って、夢と、くだらない話をするといいと。これがサラスバシーに対する俺の持論である。

こんな風に多くの起業家の話を聞かせていただいて感じたのだ。どうも俺がコンテンツビジネスをしたとしても、絵に描いた餅になってしまいカネになりそうもない。

革新的なものを作ってやろう、と気がはやりすぎていたのだろう。当時のプレゼンを見ると見栄えだけはいいが、足元がふらついていて生活を支えられるものになっていない。

俺一人で動画コンテンツを売るビジネスを作るには、労力が足りない。どこか販路を持っていれば別だが、すべてを一から作り、早めに自分を支えられるだけの収穫を得なければならない時、動画ビジネスを実らせるには時間がかかりすぎると思った。

それから一年くらいはだらだらと、なにをするのかを決めあぐねていたが。

「きさまは何をしているのだ！」

読者の方々からそう叱責されそうな気もするが、相談させて頂いた当の起業家の方々からは怒られた試しがない。起業とはそうそう決心がつくものではないと彼らは良く分かってくれているし、また、ウダウダしているバカにかまっている暇もないからだ。

ちなみに、「偉い方の言うことは絶対に聞かねばならない」と感じている人もいるようだけれど、それはまったく違う。話を聞いたあと「わかりました」と返事をしても、彼らの言葉に従う必要など一切ない。

なにが正しくなにが間違っているか、自身で取捨選択して見極めることが肝なのだ。自分でできない話だったら、スルーすればいい。「わかりました」とその場で先輩の顔をたて、そのあとはすべて自分で決める。すなわち、彼らの言うことですら聞かない。覇気のある人間ならば「違うと思います」と、その場で恩人の社長と喧嘩をしてもいいと思う。

たまに「なぜ言う通りにやらないのか」と猛烈に怒り出すうるさ方にも会うけれど、その場で「忘れていました」とシラを切り通すか、「これからさせていただきます」と答えるだけ答え、そのあとは申し訳ないが完全無視だ。俺は俺の考えのもとにすべての行動を決めているのだから、部外者がコントロールできてはいけないのだ。

こう言ってはいけないが、コンサルにはこの手の「俺の言うことを聞いて当然」と考えている輩がやたらと多い。だから俺は99パーセントのコンサルを人間の屑だと思っている。勘違いした器の小さな奴から「お前、覚えていろ」と凄まれたこともあったが、間髪入れず「もう忘れました」と答えてやった。

はっきり言えば、人の話を馬鹿正直に鵜呑みにする奴が起業家になどなれるはずがないのだ。指示を絶対守らねばならないと思うのは勤め人の美徳であって、起業家は自分自身の哲学の元、自らの行動に絶対的な判断を下す者のことをいうのである。

「俺はこうだと思う」

「間違えているかもしれないし、損をするかもしれない」
「社会のはみ出しものになる可能性もある」
「だけど、俺はこうだと信じている」
「だからこうする」

すべての責任を自分で負い、その責任の下に絶対的な判断を下すからどんな偉い奴の話も無視できるのだ。失敗をしたらまた仲間と話し合って修正すればいい。もちろん先輩諸氏には心から感謝をし、それでも自分で考え抜くという話だ。しかし、どんなに感謝をしたとしても、自らを修める権利を他人に握らせるなと言いたいのだ。

先のサラスバシーの起業理論の名は「エフェクチュエーション」という。専門書ではあるけれど、そこには右の実際がくわしく描かれている。

すなわち、言われた通り、計画通りにことを進めようとするのは、ＭＢＡの学生のような起業を頭でしか知らない素人が陥りがちな失敗のパターンなのであると。本物の起業家は言うことを聞くのではなく、市場とも人とも知識とも対話をし、実行したのちすぐフィードバックを効かせる。実行と修正とを自分の責任のもと高速で繰り返し、ある程度納得がいく形まで自分の事業をリファインし続けるのだ。

値付けを安くしすぎたと思ったら、さっさと上げればいい。この事業はダメだと思ったら、大怪我をする前に見切りをつけ撤退すればいい。対話こそが重要で、計画とか思い込みに固執しているとマズイのだ。

この時、完璧を目指すべきではない。

すべて必要なものは現場での対話なのだ。権威とか、よく練られた計画とか、完璧な製品とかといった前時代の遺産ではない。起業を成功させるものは。

偉そうなことを言ってしまったが、俺自身はぼんやりと昔から「いつかやるんだろうな」と思っていた学習塾で起業した。

妥協の残りカスの起業のように聞こえるかもしれないが、そうじゃない。なぜ最初から学習塾をやろうとしなかったのかと言えば、俺にとって学習塾は最後の砦だったからだ。

故意に3年間浪人し、代ゼミや駿台のカリスマ講師の教え方を盗みに盗みまくった。大学入学後も予備校講師になることを見込んで、他の講師から抜きん出るために書籍で彼らの教え方をコピーしまくった。絶対にカネになり、のしあがるために使える知識だと確信していたのだ。

一方でそれは大学の研究者になれない場合の保険だったけれど、研究者になっても彼らのものの伝え方は武器になる。人気教授は皆、教え方も上手かった。しかし、全力で力を入れたものだけに、最後の最後まで秘中にしておきたかった。

もっと本当のことを話す。

当時どうしようもないニートで、手持ちの金も60万を切っていた。母親も株で1億8千万円を溶かしてしまったから、もう後がない。それでも俺は最後の手段を披露することを躊躇しまくった。手の内を使い切った後の現実を直視することが怖かったのだ。学習塾などダサいとすら思った。ITを使ったコンテンツビジネスの方が格好がいい。地元の学習塾など、だれか俺ではない他の頭の悪い奴がやればいいと思った。なにもしていないニート風情でも思い上がるのだ。

起業においては、やることがすべて常識の逆になると痛感した。最後の手段は真っ先に試すべきだったし、格好いいものよりダサいものに生き残る余地がある。自尊心が、実行・修正・対話の起業プロセスすべてで邪魔になる。

今の俺は学習塾を天職だと確信していて、あのとき最後の手段を試して良かったと心底思っている。不恰好に思われようが、これ以外の職などありえないと。

天才サラスバシーも同意見だ。

だから、あなたにもし私と同じ野暮な最後の手段があるのなら、それを最初に試すといい。まず、「奥の手」から始めるといいと思う。

今春、大学に入ったある生徒が、野球でアメリカ独立リーグ入りを目指して渡米する。やはり怖がっていたけれど、成功しても失敗しても価値あるものになる。大失敗をしてプライドがズタズタになるかもしれないが、仕損じられる人生だけが自分の人生なのだとも感じる。「上手く失敗すること」を学んで欲しいと思う。受け身なのだ。一番初めに覚えねばならないものは。それさえあれば転んでも致命傷を負わない。

怖いだろうが、それは俺もアイツも、誰だって同じだ。S・スマイルズの『自助論』に、1000回憧れるより1回挑戦した方が価値があると述べられているが、まったくその通りだ。挑戦すれば、「上手い失敗の仕方」を含めた全体像を見て取れる。

死を目前にした老人の9割が、冒険しなかったことを後悔しているという。

しかし、冒険したことを後悔している奴は一人もいないのだ。

自分の人生を自分で切り開くつもりならば、野暮だろうが計画に無かろうが、最後の手段を最初に試し高速で実行と修正とを繰り返すといい。リーンスタートアップにしても、デザイン思考にしても、エフェクチュエーションにしても、世界標準の起業理論で共通している教えはそこである。

そして、「失敗の仕方」も洗練させてゆく。こちらは俺のオリジナルだが。

自ら起業し多くの起業家仲間を見てきた実感としても、このやり方には間違いがない。確かにシンプルで楽そうに見えるから、「そのくらいのことか」と馬鹿にされがちなことだ。しかし実行した時、極めて難しい本質を思い知らされることを覚悟しておいてほしい。

右の経営書には書かれていないが、自尊心を捨てることが「失敗の本質」を掴む鍵になるからだ。本書の5人も皆、苦い思いをして自尊心を捨て復活を果たした。その方法をぜひ盗んで欲しいと思う。成功だけ学ぼうとしても無駄だ。その裏の「上手い失敗の仕方」

を学ばねば。

上手い失敗とは裸を晒せるようになることだ。起業で最も重要なものは本音を話せる仲間だということは頭に叩き込んで欲しい。裸を晒せる本当の仲間がいなければ絶対に駄目だ。上辺の付き合いなどできても意味がない。「私は誰だ?」とは、自尊心を捨てた本音の自分、裸をさらけ出せる本当の自分について問うているのだ。

もし俺のように不器用なら、まずは中溝さんのような起業家コミュニティに入れてもらうのがいい。市町村でやっている格安の起業セミナーにも、仲間を得られる良質なものがたくさんある。市のセミナーなどは格好悪いと思うかもしれないが、むしろ格好いいものなど大抵嘘を疑うべきだ。Greenman もそれで失敗をした。

自らの夢を現実世界に映し出す方法は、これ以外にない。

悪魔のような現実を夢の世界に書き換えることが、新時代の起業家の責務である。神の問いかけには起業で答えればいい。苦しくとも天職を得るためにもがくのであれば、人はその苦難に耐えることができる。

第7章

死をかけて、一生守る

ドイツの強制収容所に収容されていたV・フランクルは、収容所で希望を持ち続けられた人間と、絶望してしまった人間との違いを、体験を通じて『夜と霧』に記した。

そこには、こう述べられている。

人生とは課題である。
Life is a task.

と。

「人生に何も期待できなくなったとしても、人生の方が我らに期待している」
「人生が我らに問うているものはなにか」

「あなたを本当に必要としている人は誰か」
「その人は、どこで待っているのか？」
「その誰かや何かのために、あなたには何ができるのか？」

彼自身、こうした問いから獄中で書物を書き、検閲から逃れるためにコートの裏に縫い付けて隠し、生きる糧にした。その本は後に出版されている。

気取るのではなく難題に立ち向かい、のたうちまわる姿を愛するものに見せてやろうではないか。楽に飯を食うより、自分らしく苦しむ方がいいのだと。天に与えられた課題に立ち向かう姿が、人の魂に火をつけるのだ。

時代のすべてが逆回転し始めている。

コツコツと資格を学ぶより、その辺の不用品をメルカリで売ったほうが起業の力がつく。20億円のマーケティングプランを練るより、3千円で実行し失敗から学んだほうが効果的なことが分かっている。技術を身につけてから顧客にサービスを提供しようとするより、YouTubeを見ながらトイレ修理をし、身近な人を客にした方が本物になれる。

時代はシステムの上層で偉ぶる知でなく、現場に出て軽やかに会話する知を求めるようになった。

時代が「起業家的」なのである。

そのあとの俺は、いつの間にか動画ビジネスも友人とするようになり、念願中の念願だった本も書けるようになった。

しかしである。先の『最後の手段』を試してみた直後はどうだったか。

当初、学習塾はひきこもりの経験を活かして、不登校の生徒が通える優しい場所にしようと思っていた。ところが実際に来たのは、言葉は悪いが、とてつもないヤンキーたちだったのだ。

他校と抗争事件を起こしてパトカーを5台呼んだり、万引きをして量販店を日本全国すべて立ち入り禁止にさせられたり、痴漢を繰り返して警察沙汰になったり、カツアゲで裁判沙汰になったり。驚くべきことに奴らはこのレベルの事件を毎週起こしてきたのだ。

「勉強はしたのか？」

と思われるだろうけれど、一応はさせたのであるから実に興味深い話である。

しかし、目を離すと授業中の教室でタバコをふかし、スマホを取り上げたら本気で殴りかかってきた。そんな生徒らに少し前まで引きこもりだった人間が体を張る羽目になったのだ。

まるでディスコで踊っている奴らに勉強をさせている気がした。無理に決まっていると思われるかもしれないが、死ぬ気でやればなんとかなるのだ。ただひとつ言えるのは、この1年目ほど思い出が深くいい年はなかったということだ。

最終手段をして予想外以外が生じないのだから、やってみなければ分からないものだ。

起業はカオスの淵で起こる。だから、自分の会社もカオスの淵のような場になることを覚悟した方がいいのかもしれない。ただ、俺は案外そっちの方が面白いと思う。むしろ今の時代に求められているとすら感じる。

起業は優等生ではなく、奴らのようなヤンチャ坊主がするものだ。彼らと共にいたからこそ、俺の研究も恐るべき飛躍をさせてもらえた。

ニュートラルでいることなのだ。肝心なのは。ニュートラルな位置からヤンチャ坊主らを見て、彼らとどう接するか、どう教えるか、どう教わるか、どう遊ぶか。

起業もそうだ。

自分を自分のままでいさせてくれる人。気取らず本音をさらせる人。運命の恋人を探すように、人は運命の仕事を探し始めた。

生徒を教えていると自分に戻れる。ヤンチャであろうが最高に楽しい。

アロマの仕事をしていると落ち着ける。優しい人に戻ることができる。

すべてを失った時、針仕事だけが私が私であることを支えてくれた。

偉くなりたい、金が欲しいがためだけの仕事ではない。腹を割って話をする「触媒」なのだ、新しい時代の仕事とは。ドラッカーが言う通り、人は手段でなく目的になった。なにかを為すために人を集めるのではなく、仲間を集めるためにどんな仕事をするか。衣食足りて礼節を知る、ではなく、礼節足りて衣食を知る、へと。

二宮尊徳は、「小手先の計算で成り上がろうとする人生には、成功はあっても持続はない」と語った。ケ・デ・ブリッツという学者の論を見ると分かりやすい。大抵の起業家はコンプレックスをカネで埋め合わせようと猛烈に努力し、一時は羽振りがいいが、ほぼ必ず破滅すると言う。良い例がホリエモン。ジョブスですら死の直前に後悔した。

着飾って格好つけることだけに価値がある時代ではなくなった。裸になれるかどうかなのだ。

トップギアに入れてイキるだけが価値ではない。リズムに合わせて自在にギアを変えられるかどうか。自分の中の格好悪さも失敗も、エロもバカもガリ勉も上手く使う必要がある。本音を晒して踊れるかどうかなのだ、問題は。

ありえない美人に、ニュートラルの位置から近づいてダンスに誘う。

格好だけで口説けるほど、いい女は甘くない。

『ローマの休日』の王女アンは、庶民の新聞記者に心を奪われた。運命の女神は自由な男に恋をする。ヘップバーンですらそうだった。

権力ではなく魅力を。
12歳のとき、そうだったように。
あのときの恋をしようではないか。

だから、
祈りを天に届けて欲しい、私の女神。

かつてのGreenmanと、いま苦しみの最中にいるGreenmanたちが、もう一度立ち上がれますように。

この本の5人の人生のような物語が、彼ら自身の手で再び書かれますように。

松井勇人さんへのご連絡は
フェイスブックのＤＭへ

STORY

人は変われる。ネガティブで残念人間だった私が、副業から複業で会社員のお給料の10倍を稼げるようになった話

みかみん

Prologue

人は変われる

今回、私が伝えたいことは、たったひとつ。
「人は変われる」ということです。

なぜこのような話をするのかというと、私はとんでもなくネガティブで残念な人間でした。今の私を知っている人からは全く想像できないとよく言われますが。

経験がないから、正社員になれない。
資格がないから、転職できない。
お金がないから、自己投資が不十分だ。
自信がないから、資格マニア、セミナージプシーになる。
余裕がないから、今はまだ出来ない。

という「呪いの言葉」を毎日つぶやいていました。

今の私は、株式会社ゼロワン出版の編集長としてお仕事をしながら、インスタグラマーとしてインスタ講座を実施したり、３００件以上のライフスタイル系のＰＲ案件の投稿もしています。

他にも副業や複業に興味がある方にマンツーマンでアドバイスさせていただいたり、カウンセラーとしても活動しています。

今後は、地方創生や農業ビジネスに関する仕事がやりたくて、地元の有機農業塾で野菜を育てたりもしています。他にも、オンラインサロンのお手伝いやイベント企画、趣味でハーブを育てたり、ロードバイクで峠を走ったり。野生クリスチャンとして、オンラインでの活動もライフワークとなっています。

あれこれやっていて統一性がないように思うかもしれませんが、ひとつだけ共通点があります。それは、自分が本当にやりたいからやる、好きだからやる、楽しいからやる、ということです。

今では、埼玉県の端っこで、ほぼリモートワークをしながら充実した日々を送っていますが、ほんの数年前までの私は、それはそれは酷い状態でした。

まずは、私の15年間の摂食障害歴についてお話しようと思います。

「衣食住」という言葉がありますが、食べること、着ること、住まうことは、人が生活していく上で必要な、衣（衣服）、食（食事）、住（居住）のこと。この生きる上で欠かすことのできない「食」の習慣が狂ってしまった15年。

私はこの世の終わりのような日々を過ごしていました。

第1章
克服までの道のり

摂食障害とは？

摂食障害という病気をご存知でしょうか？

痩せたい願望が強すぎて、セルフコントロールできない状態というのが分かりやすいかもしれません。私の場合は、過酷なダイエットから水すら飲めなくなる拒食症になりました。それから反動で食べまくる過食症、さらに過食したことをリセットしようとする過食嘔吐を繰り返していました。

一番酷かった時期は、借金をしながら過食をして、リセットしようとトイレで嘔吐して、それを一日6回繰り返す。異常行動だと分かっていてもやめられないのです。

過食スイッチが入ると仕事に行くこともできません。会社をクビになっても過食衝動はとまらないので、借金をしながら過食用の食材を買うのです。

過食やめますか？
嘔吐やめますか？
人間やめますか？

このような質問を何年も自分に投げかけました。

普通になりたい！
人生をやり直したい！
本当は幸せになりたい！

と泣きわめいて、警察に保護されたこともあります。

それでも過食はとまらないのです。
毎日が悪夢だと思いました。

悪魔のささやき

もともとは元気いっぱいのおてんば娘でした。自分で言うのもなんですが、絵に描いたような優等生。小学校では六年間学級委員をやって、中学校では生徒会に入って、部活動の部長をやって。

成績はトップ10に入っていたし、作文を書けば代表になるし、絵を描けばコンクールに出る。怖いものなんて何もない。世界は自分中心に回っていると、本気で思っていたのです。

そんな私がはじめて味わった挫折は、中学校三年生での転校でした。父親の転勤です。転校先でも同じように振舞っていた私は、どうやら目立ちすぎたようです。男子からも女子からもいじめのターゲットにされました。

まさか、この私がいじめられるなんて！信じられないことでした。

また、この引越しによって6歳の頃から習っていたクラシックバレエをやめました。それまではバレリーナ体型を維持するために、そこそこ節制していたのですが。

やめたことで、ダイエットと無縁の生活になりました。そして、いじめられている事実を受け入れず、毎日イライラして、食べて食べて食べまくりました。もちろん体重も増えていきました。

頑張ってダイエットして高校デビューをしようと思っても、中学時代を知っている人がいて、思い通りになりませんでした。ひねくれた私は問題を起こして、不登校になり、通信制高校に編入することになりました。

自分は社会のはみ出し者になってしまった。

ずっと優等生で周りから褒められる存在だったのに。

なんて惨めな存在なんだろう。

どうしてこうなってしまったのだろう・・・

自分が生きていることが恥ずかしくて、何度も自殺未遂をしました。

でも、死ぬ勇気すらないのです。

この時期も現実逃避のために食べ続けます。もちろん太っていきました。

なんとか大学には入れましたが、入学式に購入したスーツは17号。１５８㎝、87キロになっていました。

大学合格できたことで、ちょっとだけ自分が生きていてもいいのだと思えました。そして、失われた青春時代を取り戻そうと、とある部活に入部しました。

それが競技ダンスとの出会いでした。

日本では、社交ダンスというと親しみやすいでしょうか。ワルツやタンゴなどのロングドレスをまとって踊るものや、ルンバやサンバなどラテン系の踊りがあります。私は、ラテンの激しい踊りの虜になりました。

さらに、外国人に対抗できる体格だと言われ、内心とても喜んでいました。もともとクラシックバレエの基礎があるので、踊れるデブだと言われ、自分が認められたような気がしました。

しかし、踊れば踊るほど、自分の体重のせいで足が痛むのです。とうとう両足疲労骨折になってしまいました。これでは踊れない・・・また自分はダメ人間になってしまう。せっかく認められたのに・・・

そんな時、同級生から言われた言葉が一生忘れません。


「痩せたかったら吐けば?」

疲労骨折のため、これ以上の運動はできない。食べることも我慢できない。だったら吐けばいい。この安易な提案に、当時の私は乗っかってしまったのです。

そこから、食べて吐く生活がはじまりました。どんどん痩せる。嬉しくて仕方ありません。男子の態度があからさまに変わってきました。合コンに行ってもいい！ファッションも楽しんでいい！と嬉しくなりました。

そして、大学四年生の頃には競技ダンスでプロデビューをします。その頃は、１６３㎝、47キロ。卒業式で購入したスーツは、７号になっていました。

しかしながら、華やかなダンス界の裏側で、過酷な摂食障害と闘っていくことになるのです。

この生活が何年間も続きました。

プロダンサーとして有名になればなるほどプレッシャーも強くなる。地方大会ではチャンピオンになれるけど、まだまだ全国レベルではない。海外遠征しても、パートナーと喧嘩ばかり。そんな日々に疲れ切っていたのでしょう。ある朝、目を覚ますと、音が聞こえなくなっていました。

突発性難聴。

音の聞こえないダンサーなんて、生きる意味を失ったも同然です。私は、逃げるようにしてダンス界から去りました。

克服するために

耳が聞こえないため、実家に戻りました。しばらくして音は聞こえるようになりましたが、摂食障害である事実は変わりませんでした。食べ物を粗末にしていることが恥ずかしくて、両親にも言えず、友達にも言えず、病院にも行けず、一人で悶々としていました。

こんな自分を変えたくて、人生を諦めたくなくて、必死にもがいていた私は、セミナージプシーになりました。セミナー依存です。この悪夢から解放される方法があるかもしれない。

しかしながら、どんなにセミナーに参加しても、悪夢から解放されることはありませんでした。そして、やっぱり私はダメなんだ・・・と自分で自分に呪いの言葉をささやいていたのです。

そんな私の運命を変えた講座がありました。それが山口佐貴子先生のフォトリーディング講座です。速読みたいなものですが、この講座のおかげで、一日一冊ペースで本を読むことができるようになりました。

それでも過食はとまらないのですが、本を読む時間が増えたことによって、過食している時間は減っていきました。

ハイペースで本を読むので、図書館に通うようになりました。まずは哲学・心理学・宗教のカテゴリを片っ端から読んで制覇すると、次はいろんな棚からランダムに借りるようになりました。聖書、歴史書、国語の教科書で見たことがある本、話題になった本、表紙が気になる本、エッセイ、小説、写真集など、あらゆるものを読みました。こうして300冊以上の本を読んだところで、表現が違うだけで、どれも本質は同じような気がしてきました。

そして私は、ナポレオン・ヒルの『思考は現実化する』という本を手にするのです。この日から、私は毎日手書きのノートを活用することになります。このノートへの書き出しによって、私の人生は大きく変わっていきました。書く瞑想と呼ばれる「ジャーナリング」が自然とできたのかなと思います。

STUDY

第１章からの学び

教訓１：「諦めない」

どんなに苦しくても、どんなに辛くても、諦めなければ、人は変われます。
明けない夜はないのです。

教訓２：「挫折を知る」

その時は苦しい、辛い、悲しい、大変、助けて、
と思う状況でも、全て経験値になります。
ネガティブがあるからこそ、寄り添えることもあるのです。

第2章 思考は現実化する

全ては自分のイメージ通りになる

『思考は現実化する』という本は、今の現実は全て自分が創り出している、という話。

「自己啓発本の原点は、この本だ。」

という帯に書いてある文字通り、この本は、全ての本の原点だと思いました。これまで読んできた本は、全てここに書いてあることを著者のフィルターを通して語っているだけだと感じたのです。だとしたら、私のフィルターを通したら、どんなことが起こるのだろう？

いろいろと手を出すよりも、この本に書いてあることをひたらす実践しようと決めました。そして、毎日2時間、この本を読んで、学んで、行動することにしたのです。

あらゆる妄想を膨らませて、あらゆるパラレルワールドを想い描きました。ハッピーエンドばかりではありません。摂食障害が治らないままのルートもあります。

このまま食に束縛された人生を嘆き悲しんで、もっと食べたいものを食べれば良かったと涙する人生。過食のために万引きをして逮捕されて、強制的に過食できない場所に入る人生。大きな病気になって入院食や流動食しか受け付けない人生。

後悔して死んでいくことをイメージしては打ち消して。

必死になってポジティブな思考を巡らせる。調子がいい時はハッピーエンドを想像できるのですが。手放しに喜ぶことを単細胞な奴だと思って見下していたのです。世の中はもっと複雑だと思っていました。

人生は、そんな簡単に変わるはずがない。

人間は、そんな簡単に変わることはできない。

このような考えが、私の中に根強くありました。

いやいや、人生を複雑にしているのは自分だ。
簡単に変わってはいけないと思っているのは自分だ。

自分はどうなりたいのか？
何がやりたいのか？
本当に求めていることは何なのか？

この問いかけを何千回、何万回したでしょうか。手書きのノートには、何度も同じ質問が出てきます。
はじめはなかなか思い浮かばないのですが、慣れてくれば求めているものが見えてくるのです。まるでパンドラの箱を開けるような気持ちで、自分の中の深く閉ざされた部分を覗いていきました。

イメージの力

はじめのうちは、自分が摂食障害ではない人生をイメージするようになりました。

だんだんと、そもそも摂食障害でない人は、「摂食障害」というキーワードすら頭に入っていないことに気付いたのです。

分かりますか？

非喫煙者にとって、タバコ、喫煙所、禁煙などは、そもそもイメージすることがないのと同じ。摂食障害をやめたいと思うことは、摂食障害をイメージしていることと同意義なのです。

そのことに気付いた私は、なるべく摂食障害というキーワードを考えないようにしました。そして、理想だけをイメージするようになるのです。

通勤しないで、自宅で仕事している自分。

パソコン一つで、どこでも仕事している自分。

喉かな場所でガーデニングをやっている自分。
体重や体型に支配されずに健康的な食事をしている自分。
自分で育てた野菜を食べて、グラス一杯のワインで満足している自分。
カフェ風ワンプレートの食事を満喫している自分。
夜、静かに本を読んでいる自分。
早朝、執筆活動をしている自分。
丁寧に一杯の珈琲を淹れている自分。
素敵な空色のワンピースを着ている自分。
オシャレなカトラリーを磨いている自分。

ひたすら手書きのノートに言語化するのです。さらにベッドサイドの壁に写真やメモを貼って、眠る前に眺める。朝起きて一番にこの張り紙を見る。とっても地味ですが、想像力を働かせて、理想の自分をイメージしました。

ネガティブな考えが出てきても、自分自身で反論できるように。ひたすら、愚直にやり続けたのです。

途中、何度も挫折して、何度も諦めて、何度も失望しました。

でも、諦めたくなかった。
どうしても普通になりたかった。

なんとなく子供時代の自転車の練習に似ているなと思いました。補助輪を外して何度も転んで、それでも練習していると、ふと乗れるようになっている。そうして一度でも乗れるようになると、逆に転ぶ方が難しくなる。しばらく自転車に乗っていなくても、すぐに感覚を思い出して、苦も無く乗りこなせるようになる。

この状態になるまで続けようと思いました。

そうしているうちに、だんだんと食事に変化が出てきたのです。

ちなみに、この行動を始めたのが２０１５年の冬のこと。約３年半後、私は自分の理想通りのおうちに引越しをして、希望通りのライフスタイルを送っています。イメージが現実化したのです。

【ルームツアー】夢が形になった家。共働き夫婦の休日スローライフと見せる収納術
https://www.youtube.com/watch?v=GXh56qF9pzo

STUDY

第２章からの学び

教訓１：「複雑にしているのは自分」

まずは複雑にしている自分を認めてあげてください。
そして、どうなりたいのか？を自問自答し続けるのです。

教訓２：「なりたい自分をイメージする」

できるかぎり具体的に理想の自分を妄想する。
ニヤニヤするくらい思い描けたら、必ず希望通りになります。

第3章 理想と現実

変化と手応え

これまでの思考回路を変えることで、食以外のことも変化ができてきました。

一番変わったのは働き方です。


大学在学中にプロダンサーとしてデビューした私は、25歳でダンス業界を引退します。

その時はじめて就職活動をしたのですが、それはそれは厳しい現実を突きつけられました。

まずは自立するために正社員は諦めてアルバイト入社をしました。大手ＩＴ企業でブラインドタッチから教えてもらいました。

こんな私を拾ってくれたから、何とか恩返しがしたい！と思った私は、独学でｗｅｂ

を学びました。自己流でブログをやってみたり、ワードプレスをいじってみたり、アフィリエイトをやってみたり。あわよくばお小遣い稼ぎでもできないかな？と期待しましたが、そんな簡単なことではありませんでした。しかしながらパソコンにはどんどん慣れて、正社員として雇用され、成長を感じることができました。

当時は、正社員になった自分を妄想したり、スーツ姿でパソコンを操作している自分をイメージしていたので、現実化できた喜びと同時に、欲が出てきました。

当時、住んでいたところから会社まで往復3時間。この移動時間が苦痛に思えてきたのです。そんな時に出会ったのが、『弱虫ペダル』という渡辺航先生のロードレース漫画でした。ロードバイクに憧れて、「ツーキニスト」と呼ばれる自転車通勤をしたい！と強く思い描くようになりました。

そして数ヶ月後、自宅から10キロほどのところの会社に転職することにしました。通勤時間が圧倒的に減ったので、その時間を全て自分の学びの時間に変えました。この頃には、過食もかなり落ち着いていました。

この会社に入ったことで、ｗｅｂマーケティングとSNS活動をしっかりと実践することになります。いろいろと独学でやっているうちに、副業したい！という気持ちがむくむくと出てきました。そこで私が選んだのが、カウンセラーです。しかも摂食障害専門の。

カウンセラーになる

２０１７年の夏。私はとある動画セミナーを受けました。そして、自分の想いを動画で発信して、なにかしらのビジネスにする、という方法を知りました。

この時、私を導いてくださったのが、ファントレ株式会社のコンサルタントである黒川光智さんでした。

これまで自分が一番お金を使って、苦しみ、辛かったことをそのままで終わらせてなるものか！という気持ちが強かった私は、摂食障害専門のカウンセラーとして活動することを決めました。

過去の自分を救う気持ちで、今、摂食障害で苦しんでいる人たちと向き合ったのです。

会社員として働きながら、勤務時間以外は全て捧げて対応していました。

ワードプレスをいじって、ブログを毎日更新して、Facebook と Twitter にも投稿して、毎日メルマガを書いて、当時の LINE @でも発信をし続ける。３６５日年中無休になりました。単発の電話相談のみ申し込まれて、なかなか思い通りの売上にならない。

たった一回の電話で治るなら誰も摂食障害で悩まないのに・・・
睡眠時間しか削れるところがないので、毎日寝不足状態。憧れの副業は、とんでもなく大変なものに感じられました。

固定概念の崩壊

副業の狙いは、会社員のお給料以外での収入減が欲しかっただけなのに。
我慢しないで好きなものを買ったり、好きなことをするためだったのに。

このままでは、時間がなさすぎる。
こんな働き方は嫌だ。
なんとかして今の作業量を減らしたい。

そんな時、コンサルタントの黒川さんの紹介で出会ったのが、一般社団法人思考の学校でした。これまで独学でやっていた思考について、思考の学校のさかばゆきこさんに学ぶことにしたのです。これが2018年1月頃でした。

三ヶ月間の講座なのですが、この期間、私は一度死んで生まれ変わったかのような衝撃的な経験をすることになります。なぜなら、私の発言することは全て私の思い込みであって、そう思っているのは自分だけなんだと知ることになるからです。

例えば、どんなに得意な仕事ができて嬉しい！と頭で考えていても、心の奥底では、仕事は辛くて当たり前、給料は我慢すればするだけもらえる、という考えがありました。

また、

会社の仕事は拘束時間が長くても我慢するべきだ。
副業をやるなら、睡眠時間が少なくても仕方がない。
カウンセラーとして成功するには自分が耐えればいい。

という思考が、当時の現実を創り出していました。

さらに、お金に対する歪んだ思考もありました。

お金は汚いものだ。
簡単には手に入らない。
副業で稼ぐことは難しい。
お金持ちになってはいけない。
大金があると人生が破綻する。
本業と副業、二兎追う者は一兎も得ず。

これらの思考があることに気付き、一つ一つ手放すことにしたのです。
とにかく愚直に、理想の自分をイメージする。
変な思い込みを指摘されて気付く。
自分を苦しめているのは自分だと知る。
どんなふうに変わりたいのか軌道修正する。

これを毎日やりました。一人では、変な思い込みに気が付かないのです。

言葉では簡単に聞こえると思いますが、自分の思考を探ることが習慣になるまでは、なかなか続けられません。コツコツ、やる続けるしかありません。

現実が変わらないと嘆くよりも、変わる現実をイメージするしかないのです。

一人で気付けるようになったきっかけは、沢木耕太郎先生の『深夜特急』でした。

「便所で手が使えるようになった時、またひとつ自分が自由になれたような気がした。」

紙がないから、仕方なく手を使ったのだと思います。しかし「やってはいけない」という思い込みが無意識にあることに気付きました。

国が違えばルールも違う。時代が変われば法律も変わる。宗教が違えば正義が変わる。人殺しもやってはいけないことですが、戦国時代では多くの人を殺した人は英雄でした。やってはいけない、ではない。

ここから私は、こんな固定概念はダメだ！　ではなく、軌道修正を楽しむようになるのです。

STUDY

第３章からの学び

教訓１：「理想の働き方を言語化する」

自分がどんなふうに働きたいのか、どんな仕事をやりたいのか、どんなことで感謝されたいのか、これらを明確にすることが第一歩です。

教訓２：「思い込みや思考の歪みに気付く」

表面的な思考ではなく、心の奥底の思考に意識を向けるのです。はじめのうちはすぐに出てこないかもしれませんが、慣れればスピーディーになります。

第4章

副業から複業へ

電子書籍を出版する

カウンセラーの仕事は、信頼関係が不可欠です。相手を理解することはもちろんですが、こちらのことを理解してもらうことも重要なことです。

私のことを信じていないと、私の言葉は響きませんからね。「何」を言うかよりも「誰」が言うか？　これを何とかしないと！と思っていました。

どんなにブログやメルマガを発信しても、深くは届いていないような気がしていました。それでも発信し続けなければいけないのが、会社員とは違うところ。副業なので、全て自分次第です。私はどうしても副業で成果を出したいと思って、いろいろとやれることを考えていました。

そんな時、電子書籍は簡単に出せる！ということに気付いたのです。

無料で出版できる
著者になれる
印税が振り込まれる
すぐに削除できる

メリットしか感じませんでした。

これまで出会った人が出版したと言った時に、電子書籍か紙の書籍か聞いたことはありませんでした。ただただ凄いですね、と言っていたので、「何」を言うかよりも「誰」が言うか？が創り出せると思ったのです。

書籍を書いた著者の先生になれるわけですから。

失敗してもいいからやってみようと思いました。何かあったら削除できるし、なかったことにしてもいい。まずは、やり方を知るために、これまでやっていたブログやメルマガの記事をまとめて、一冊の電子書籍として出版してみました。

『私は15年間摂食障害でした。』
https://amzn.to/3iNYKjG

書いてることは、ブログやメルマガと同じなのに、書籍だから第一章からしっかり読んでくださる読者ばかりでした。そして、

共感しました！
私も同じような人生でした！
自分も思考を変えたいと思いました！

などのメッセージが届くようになりました。そこから、もし私の方法でよければサポートしますよ、ただし長期戦です！とお伝えするようになって、副業としての売上が安定するようになりました。

インスタグラマーになる

電子書籍からのお客様が増えたので、単発の電話相談をやめることにしました。

そうしたことで時間にも気持ちにも余裕ができて、新しいことができるようになりました。そこで力を入れたことがInstagramです。スタート時は、ロードバイクの写真だけを投稿していました。自分の投稿した画像のいいねが増えたり、フォロワー数が増えることが、単純に楽しかったのです。

しかしながら、とある出来事によって、運命が変わりました。

２０１８年10月7日（日）

私は交通事故に遭いました。

これまでロードバイクの写真ばかり投稿していましたが、しばらく乗れなくなってしまった。そこで仕方がなく、自分の身の回りのものを投稿するようになりました。

それまで諦めていたお弁当作りにも挑戦することに。もともと飽きっぽい性格なので、手の込んだお弁当は作らず、究極にシンプルな日の丸弁当から始めてみたのです。

そこで誕生したのが、曲げわっぱ弁当箱の「ハードコア弁当」というものでした。ハードコア弁当とは、ご飯を敷き詰めた上に、おかずを一品ドーンと乗せるもの。もともとは芸人さんのホイップ坊や様のアイデアです。このお弁当を作るようなって、シュールで面白い！と言われるようになって、フォロワー数が一気に伸びてきました。

Instagramのお仕事ができたら、楽しいだろうなぁ～という気持ちから、インスタの女王と呼ばれる峰川あゆみさんの講座に参加してみました。

彼女と出会ったことで、インスタグラマーを目指すことになります。

２０１９年３月、フォロワー数が一万人を超えて、自他共に認めるインスタグラマーになることができました。そこで自信を持った私は、思い切ってハードコア弁当の投稿画像を電子書籍にしてみたのです。

インスタに投稿していた写真に、ちょっとしたコメントを添えて、99円で発売しました。

そうしたらビックリ！　まさかのAmazonグルメランキング1位を獲得できました。

『曲げわっぱ弁当はじめました。』
https://amzn.to/3gHBEse

ここから、インスタグラマーとしてのお仕事が大爆発します。グルメ系、ライフスタイル系の案件が続くようになって、ファッション系、モデル系のお仕事もさせていただくようになりました。その経験をインスタ講座で伝えてみようと思いました。

私が成功したんだから、みんなも成功するはず！私のやり方を伝えてみよう！と思ったのです。私のやり方は、シンプルで王道！誰でもできることを、誰よりもコツコツとやる。これを徹底するだけなので。

出版コンサルタントになる

インスタ講座をやるようになって、どんなに頑張ってアカウントを育てても、どうせいつかは衰退してしまうだろう・・・という懸念点がありました。

どんなＳＮＳでも新しいものが出てくるし、いつかは盛り上がりがなくなってしまう。どうせ終わってしまうサービスに時間も手間もかけたくない。このような想いが出てくると、一気にインスタ熱が消えてしまって、せっかくインスタ講座を受講しても意味がなくなってしまいます。

そこで私がご提案したのが、インスタで作り出した世界観を電子書籍として残しませんか？というものでした。Amazonが潰れなければ、絶版になることもない。ちゃりんちゃりん程度だけど印税が手に入る。著者になれる。起業家の方は、ビジネスに繋がる内容にすればいい。ビジネスをやっていない人は、お誕生日に記念出版でもいい。インスタがダメになっても書籍は残る。

一番始めに応援してくれたのは、インスタの師匠である峰川あゆみさんでした。彼女の写真集を作ることになったのです。

『ＤＩＹで作るモノトーンインテリア』

https://amzn.to/2Tz65cm

ここから「シンプルライフ出版コンサルタント」という肩書きで活動することになります。実を言うと、私が出版コンサルタントになったキッカケは、kindle出版プロデューサーという講座と出会ったからでした。これまた、私にとって人生を変える人との出会いがありました。

チャンスを掴む

会社員をやりながら、カウンセラー活動をする。さらにインスタグラマーとして活動したり、インスタ講座を開催したり。講座には、ほぼ口コミでお客様が来てくれています。フォロワー数が同じインスタグラマーはたくさんいますが、出版している方はあまりいないのかもしれません。書籍化のインパクトは、なかなかだと思いました。

さらに、出版コンサルタントの仕事もやるようになって、会社員のお給料の10倍の売上を達成することができました。

この頃には、お金に対する歪んだ思考は完全に変わっていたと思います。

一つクリアすると、次のステップのことを考えるようになる。私は働き方を変えたいと考えていました。

通勤するのが当たり前。
会社にデスクがあるのが当たり前。
1日8時間、週5日勤務が当たり前。
この思い込みは、日本社会の常識かもしれない。
でも、そういう働き方をしていない人もたくさんいる。
私の理想の働き方はなんだろう？と考えてみると・・・

通勤しないで、自宅で仕事をしている自分。
パソコン一つで、どこでも仕事ができる自分。

やっぱり、これだなと思いました。こんな働き方をしている自分をイメージする日々。

そんなある日、私は運命のメールを開封します。

タイトルは、【求人】編集長になりませんか？　というものでした。

「先日立ち上げた株式会社ゼロワン出版の編集長を募集します。」

Kindle出版プロデューサー養成講座の講師である鈴木ケンジ先生のメルマガでした。

きっと多くの人が応募しているに違いない。

経験不問と書いてあっても出版編集の経験がない私には無謀すぎる。という気持ちが出てきました。

しかし、面接を受けるだけなら笑い話になるかもしれない、久しぶりにケンジ先生に会いたいから行ってみよう、別に落ちたからといって死ぬわけでもない。

そんなふうに思って面接に言ったのです。すると・・・

今の出版社の状況、今後の展開などのお話しばかり。自分の話もして、二時間後にはToDoが与えられていました（笑）すでに仲間として受け入れてもらえていたのです。

私の新しい人生がスタートした瞬間でした。

STUDY

第4章からの学び

教訓1：「思い切って行動する」

誰かに会いに行く、何かをやってみる、エイヤーでいいから動いてみてください。
ちなみに、動かない人のほうが愚痴や不満が多いかなと思います。

教訓2：「やればやるだけ結果に繋がる」

誰でもできることを、誰よりもコツコツとやる。

できないと言い訳するより、とにかく愚直にやってみる精神が大切だと思います。逆に、何かをやらないという選択も大切ですが。

第5章　変わりたい人へ

振り返ってみると

今の自分は、数年前に自分が想い描いていた自分だと思っています。

仕事や働き方で考えてみると、まずはパソコンを使った仕事をしたかった。次に、正社員になりたかった。さらに、自転車通勤したかった。そして、場所を選ばず働きたかった。今、全てが叶っています。

今の私は、仕事よりも家族との時間や趣味の時間、自分の執筆時間を増やしたいと思っています。同じ仕事量、もしくは今よりも効率よく働き、もっと自分を自由にしてあげることをイメージしています。

仕事の時間が減ったことで画期的なアイデアがふってきたり、プライベートで遊んだことで斬新なビジネスモデルが思い付いた自分を妄想してニヤニヤしています（笑）

私の場合は、何をやっているかは二の次なんです。

大学では史学科でした。専門は近世芸能史。卒論は歌舞伎。日本語教師の勉強をしている時代もありました。今、ぜんぜん関係ないことをやっています。何かしらのカウンセラー資格もない、医師免許もない自分が、独学でやってきたことで誰かの人生を変えることができた。出版社での実務経験があるわけでもないのに、電子書籍の出版を通して、多くの著者様のビジネスに貢献することができた。

大学の専門で学んだから
この資格を持っているから
この業界でずっと働いているから

と思っていると、視野がどんどん狭くなって、もったいないです！

もし今の自分に不満があるとしたら、どうしてこういう現実になっているのか？を考えることも大切ですが、私はどちらかというと、未来への妄想にエネルギーを使っています。

こんな話をすると、あなただからできたんでしょ？と言われますが、私ができたことをあなたができないと決めつけたのは、どこの誰でしょうか？という話。

そんなことは無理だ、と無意識に思っていませんか。

会社員を続ける意味

私が会社員だと言うと、驚く人がたくさんいます。自分でも、たまに会社員であることを忘れるほど、フリーランスに近い働き方をさせてもらっています。それは非常にありがたいと思うばかりです。

さて、なぜ私は会社員を続けているのか？

私の中の答えは、独立するよりも所属している方が大きなことができるからです。

副業する前の私は、会社の仕事をしてお給料をもらっている感覚でした。しかし、副業をはじめたことで、会社員であるメリットに気付きました。

会社のお金を運用して、新しい施策をすることができる！

会社の人脈を利用して、その業界の偉い人に会いにいける！

会社の環境を活用して、自分を成長させることができる！

副業スタート時は、資金力がありませんでした。また、個人で失敗したら、ますます生活が苦しくなる。ですが、会社の予算案を通過すれば、新しいことや広告運用など会社のお金で実験することができる。個人リスクが少なく、大きな仕掛けにチャレンジできる。素晴らしことだと思っています。

この書籍を読んでいる方の中にも、会社をやめるべきかどうか悩んでいる方がいるかもしれません。何かをやるなら会社をやめたほうがいいと思っている方もいるかもしれません。

しかしながら、ちょっとお待ちください。

その固定概念、いつ、どこで、どのタイミングで、誰が決めましたか？

子供の頃、親に言われたから？　もしくは、ネットで？　ニュースで？　動画サイトで？

世の中には、あらゆる情報が溢れています。その情報を選んで、記憶しているのも、自分ではありませんか？

同じ親から産まれた子供、同じ環境で育った人間が、全く同じ未来になるわけではないのです。

現実を見極める

ＳＮＳの情報は信じられないけど、新聞なら信じられる？　その記事を書いた記者の人のフィルターは本当に全く入っていませんか？　男性？　女性？　年齢は？　得意ジャンルは？　とある一つの事件なり、政治の動きについて、数社の新聞を見比べてみてください。おそらく切り口も違うし、着地も違うはずです。そして、批判的な内容か賛成しているか。かみ砕いてあるか、ざっくりとオブラートに包んであるか。同じ物事なのに、解釈が違うことは多々あります。

また、テレビの情報番組とネットニュースがズレていることもあります。そもそもテレビでは報道されていない情報もあります。日本では触れられていないこともあります。そのような違いに気付いた時、全ての情報はどこかの誰かが得するように創られている、ということに気付きました。

そして、なぜ世の中にはこんなにも・・・

似たような資格が存在するのか？

同じような名前の協会が存在するのか？

なぜ、同じようなことを言っているセミナーが多いのか？

なぜ、結論が同じ内容の書籍がこんなにも溢れているのか？


という疑問が出てきました。そして私は、一つの結論に達するのです。

世の中には、仕掛けている人とそれに乗っかってる人がいる。この二通りしかいない。


私は仕掛ける側になろうと思いました。そして、仕掛ける市場をちょいちょい変えているだけです。だから、複数の仕事をしているのだと思います。

ちなみに、乗っかっていることが悪いわけではありません。自分の専門でないところは、快く乗っかればいいと思っています。独学よりもプロに聞いたほうが早いです。ただしそれは、自己実現するために、あえて乗っかるという「選択」をしているのです。

仕掛けられていることに気が付かず、なんとなく流されてしまうのは、かなり危険かなと思います。世の中には無意識に流されている人が多すぎる。

自分が仕掛ける側に回ることを意識すれば、これまでと違った世界が見えてきます。世の中にある全てのサービスは、例外なく、誰かが仕掛けていますからね。

私は、この本を読んでくださった方に、人生を変えてほしいと心の底から思っています。

そのためには、

ネガティブな思考に気付いて、新しい思考を受け入れること
自分がどうなりたいのかを明確に言語化してイメージすること
漠然と流されないで、自分で選択する意識を身に付けること

を日常生活に取り入れてほしいのです。

副業でも複業でも、会社員でも起業家でも、男性でも女性でも。何がいい悪いではなく、自分で物事を見極めて、行動する。その結果が、今の自分を創り出しているのです。

あなたは今、変わりたいですか？

STUDY

第５章からの学び

教訓１：「素直に妄想する」

大人になると、つい馬鹿らしいと思って、やらないことがたくさんあると思います。
でも、やった人だけが別の段階に行けるのです。

教訓２：「自分で選ぶ」

情報過多時代。流されるのではなく、吟味して選択してください。

教訓３：「仕掛ける側になる」

これまでと違った視点で世界を見てください。
きっと多くの気づきがあると思います。

Epilogue

人は変わってもいい

私がいろいろなことをやれるのは、思考の整理をしているおかげかなと思います。思考がぐちゃぐちゃだと、非効率なことも多々あります。そのため、手書きのノートが必要なのです。とにかく書く。漢字が書けなくても、雑で後から読めなくても、適当でもイラストでもとにかくアウトプットをやってみる。やればやるほど、すっきりするはずです。

脳のデトックス！

そして、執筆活動ほど、自分と向き合って、思考整理できる方法はありません。こちらはパソコンで構いません。読者に向けて文字を綴ることは、とても大変な作業に感じるかもしれませんが、どんなことでもやってみないと分かりませんからね。

仕事柄、著者様の執筆活動のサポートをしますが、これまで書けなかった人はいません。もちろんプロのライターさんにお願いする人もいますが。

自分で書いてもライターさんに取材されても、必ず気持ちのアップダウンを経験します。

途中で進めなくなる方もいますが、何度か打合せをすることで乗り越える方ばかりです。今の自分を出し切って、出版した時、言葉では言い表せない感動が訪れます。

そして、今回の書籍のお話を知った時、人は変わってもいい！　変われるんだ！　ということの生き証人として、自分の執筆を決めました。

そのためにはまず、暗い過去の話をぶり返す必要がある。今の私を知っている方からは、想像できないこともあって、驚かれたかもしれません。本書では触れませんでしたが、摂食障害以外にも、うつ病、男性恐怖症、不安神経症、自律神経失調症なども体験しました。残念ながら、それらの症状に特効薬はありません。しかしながら不治の病でもないのです。

人は変われる。変わってもいい。

と気付いた人にだけ、運命は動き出します。

私の場合は、「人」と「本」と「思考」というキーワードによって大きな変化が何度もやってきました。

誰と出会うか？
どんな本と出会うか？
そして、どんな自分になりたいか？

理想の自分をできる限り具体的にイメージしてください。必ずイメージ通りになります。良いことも悪いこともです。どうせだったら良いことがいいですよね。
現状を変えることは怖いことかもしれませんが、必ず変えることができます。諦めないでください。

どうか一人でも多くの方に、私の声が届きますように。

みかみんさんへのご連絡は
インスタグラムのＤＭへ

さいごに

人生は誰でも逆転できる

本書を最後までお読みくださり、ありがとうございました。

人生は十人十色。この世界を生きていると、お金・人間関係・仕事・健康などいろんな面で苦労や問題が起こります。お読みいただいた通り、著者である5名の起業家もそれぞれいろんな面でドン底を経験した人たちです。世の中の多くの人はドン底に落ちると、周りのせいにして行動せず、ドン底から抜け出すことができません。

もしかしたら、本書を読まれているあなたも今、実際に人生のドン底でもがき苦しんでいるかもしれません。しかし、人生のドン底から逆転したいのであれば、多くの人と同じことをしていても、人生はドン底のままで変わりません。

ドン底人生からブレイクスルーし、逆転させるためには他人や環境のせいにするのではなく、自分の責任だと捉え、今の自分にできる小さな一歩から諦めずにアクションし続けることが大切です。

人生は諦めさえしなければ、何歳からだって、どんな状況からだって人生を逆転させることができるのです。それを証明してくれているのが本書の著者5名の起業家です。実際に読んでみると、ドン底まで落ちた時にどのような状況や感情だったのか、そこからどのように考え、どんなアクションを起こしていったのかがわかったと思います。

ここから人生は大きく2つに分かれていきます。未来に希望を持ち、勇気を振り絞って人生を逆転させるために一歩踏み出すか、「やっぱりこの人たちだからできたんだ」と他人事のように捉え、何も行動せずに今までと同じような人生を歩んでいくのか。

もし、何から行動したらいいのかわからないなら、一人ひとりの著者にDMを送って聞いてみることも小さな一歩です。「今、私はこのような状況なのですが、○○さんなら、どのように捉え、どんな行動をしますか？というように質問をすると、明確な答えが返ってくるはずです。

こんな時代だからこそ、本書を通じて一人でも多くの人が一度きりの人生を後悔しないように生きて「最高の人生だった」と最期の瞬間に言える人生になることを願っております。

何歳からでも人生は逆転できる。
未来への希望さえ捨てなければ。
あなたなら絶対にできる！

Rashisa（ラシサ）出版編集部

逆転人生

人生を変える5つの鍵

2021年10月8日　初版第1刷発行

著　者　　荒西 將志 / 國友 英治 / 田中 淳吾 / 松井 勇人 /
みかみん
発行者　　Greenman
編集者　　Greenman
ライター　フン 友季子 / シュペール 朋子 / 寺前 かおり
装丁デザイン　兼松 エリ
本文デザイン　兼松 エリ

発行所　Rashisa 出版（Team Power Creators 株式会社内）
〒 558-0013 大阪府大阪市住吉区我孫子東 2-10-9-4F
TEL : 080-5330-1799

発　売　株式会社メディアパル（共同出版者・流通責任者）
〒 162-8710　東京都新宿区東五軒町 6-24
TEL : 03-5261-1171

印刷・製本所　株式会社堀内印刷所

ISBN 978-4-8021-3277-0　C0034